JN091101

子どもに寄り添う教師

佐藤 昇

はじめに

教師になってまもなくのころ、部活動の指導を終えて職員室に戻ると、先輩教師の何人かが残っていました。教材を作っていたのでしょうか。ガリ版に置いた原紙に鉄筆で何かを書いている音が聞こえてきました。

汗びっしょりの私を見て、「よく頑張ってるねえ。」とか「何か困っていることはないかな?」などと声を掛けてくれました。「若い先生は元気があっていいなあ。俺も若いときはあったけど。」などと言いながら、労わったり励ましたりしてくれました。勤務時間はとっくに過ぎていましたが、そんなことは全く気にすることもなく、教師のイロハをさりげなく教えてくれました。

そのお蔭で、失敗したときのことなどを考える暇もなく、夢中になって教育活動に取り組むことができました。

同じころ、数人の同僚教師が我が家に集まり、時間が経つのも忘れて教育談義に花を咲かせることがありました。先輩教師も加わって教育の理想を語り合うこともありました。教育論や教師論が飛び交い、ときには人生論まで語られました。これが、「教育とは何か。」「教師はどうあるべきか。」という課題に正面から向き合うきっかけとなりました。

やがて三十歳代を迎え、自身の教育実践を振り返ったり教師としての在り方などについて考えたりする余裕が出てきました。そのころ先輩教師が語ってくれた「教師の一生」という話は心に強く残りました。それは、「二十歳代は他人が責任を取ってくれるので、失敗を恐れず頑張る時期。これを第一期とすれば、三十歳代は自分で責任を取らなければならない第二期。そして四十歳代以上は、他人のことまで責任を取らなければならない第三期。」というものです。この話は、教師としての「第二期」を迎えたばかりの自分を見つめ直す契機となりました。

その後も、「教育とは何か。」「教師はどうあるべきか。」などと自問自答しつつ教育実践を重ねてきました。研修の機会を活用しては自己研鑽に努めました。教育委員会に勤めるようになってからは、学校を外から見ることができ、学校教育について客観的に考えることができました。校長になってからは、子どもや保護者から生の声を聞いたり教師が取り組む姿を見たりしながら、教育に関して自分なりの考えを持つことができるようになりました。

ある同僚教師は、教育に関する私の考え方や日々の教育実践から影響を受けたことを明かし、それらを記録にして後輩の教師に残すことを提案してきました。私も、かつて先輩教師が語っていた教育論や教師論の影響を受けながら教師として育てられてきましたので、今度は自分が若い教師に向けて何らかの影響を与えるような役割が回ってきたのかも知れないと思いました。

でも、すぐには、この提案に応じる気にはなれませんでした。なぜなら、私が教職に就いていた時代と今とでは教育事情も大きくかけ離れており、いまさら私が教育論や教師論を述べてみたところで今の時代に合うはずはないと考えたからです。

一方、「不易と流行」という言葉を教育に当てはめて考えてみますと、「不易」の部分も多くを占め、今も変わらないことがたくさんあることも確かなことです。特に、「教育とは何か。」「教師はどうあるべきか。」という根本的な課題は、時代を超えて教育に携わる者に突き付けられていることは間違いありません。そう考えて、同僚教師からの提案を受け入れることにしました。

この本に著したことは、私がこれまで実践したことをもとにして辿り着いた「教育論」や「教師論」です。教育の不易の部分や教育に関わる根本的な課題を念頭においてまとめましたが、あくまでも私見であり問題提起のつもりです。

ですから、批判したり反論したりしていただいても構いません。もちろん、納得できれば取り入れていただいても結構です。ご自身の考えを練り上げる参考にしてください。

大切なことは、教師自らが「教育とは何か。」「教師はどうあるべきか。」などについて考え、その答えを探し求めながら教育実践に携わっていくことです。そのためにも、若い先生も経験豊富な先生も一緒になって教育談義に花を咲かせてください。

本著を、その際の参考図書にしていただけたら幸いです。

目次

あとがき……256

※表紙等の絵は、我が愛する孫たち（勇翔・優衣・花奈・歩奈）の作品です。

第一章　子どもの言動を理解する

1　子どもの思いがわかる教師に

「俺なんか、どうでもいいんでしょ。」とふてくされている男の子がいます。「私のこと、分かってよ。」と叫びたい女の子もいます。また、無意識のうちに、そうした思いを態度や行動に表していることもあります。

そうした子どもの言動の背景を理解し、その思いを受け止められる教師でありたいものです。

(1)　爪にマニキュアを塗って登校

中学3年生を担任していたときのことでした。ある女子生徒が両手の指の爪にマニキュアを塗って登校してきました。「化粧はだめ。」と注意をし、同僚の女性教師にお願いして爪をきれいに拭いてもらいました。

その女子生徒は、教師に反抗的な態度をとるようなことはありませんでしたが、乱れた服装や身だしなみが気になる生徒でした。仲の良い友だちはなく、一人で過ごすことが多い生徒でした。下校時刻を過ぎても校内をウロウロして帰るのを嫌がっていましたが、それは、彼女にとって住みづらい家だったからです。彼女の両親はすでに離婚、母親は再婚し、家には母親と義父の間に生まれた弟がいました。彼女の家庭はこの弟を中心に回っていて、彼女がホッとできる居場所はなかったに違いありません。

彼女は、注意された後も、ときどきマニキュアを塗って登校してきました。私は、彼女の爪を拭くために除光液を職員室に用意しておきました。彼女がマニキュアを塗ってきたときは職員室に連れて行き、「また化粧してきて。駄目じゃないか。」とありきたりの説教をしながら、除光液を沁み込ませた脱脂綿できれいに拭かせました。数日後、またマニキュアを塗って登校してきたのを見つけたので、すぐに職員室に連れて行き、「二度と化粧してこないこと。」と咎めながら爪を拭かせました。

その後もこうしたことが何度も続くので、なぜ止めないのか気になってきました。ある日、私は、マニキュアが塗られた爪を隠そうとしていないことに気づきました。職員室に連れて行ったときも、除光液でマニキュアを落としながら私に説教されているときの表情は、嫌がるどころか嬉しそうに見えました。おそらく、見つかって叱られることを期待していたのだと思います。

私は、彼女が3年生になったときに出会った生徒でしたが、初めから家族の愛情に飢えているような感じがしていました。おそらく弟中心であろう家庭の中で、彼女は、義父にも母親にも甘えることはできなかったことでしょう。私は、そうした境遇を知ってからは、彼女の心情を理解することに努めながら優しく接してきました。そのためか、彼女は、何度爪を化粧してきてもきちんと対応してくれる私に対して、安心感や信頼感のような感情を抱いているように思えました。

やがて、彼女はそうしたことをしなくなりました。穏やかな表情を見せられるようにもなりました。運動会に向けて学級の応援旗を作ることになったときは、彼女は、ほかのどの生徒よりも熱心にその制作に加わっていました。運動会が終わり、ほかの学級では応援旗を処分しましたが、彼女は教室内に掲示することを提案してきました。私は彼女の提案を受け入れ、模造紙数枚に描かれた応援旗を天井に貼り付けました。勉強が苦手な彼女は、授業に集中できないでいるときは天井を見上げ明るい表情を見せていました。

彼女は、なぜ、このように変わっていったのでしょうか。どのようにして自分から態度や言動を改めていったのでしょうか。

私は、爪にマニキュアを塗ってきたことを何度も咎めましたが、激しく叱ることはしませんでした。私がしてきたことは、彼女がどんなことを感じながら家庭で過ごし、どんな思いで学校生活を送っているか、その気持ちを理解することでした。

彼女が自ら態度や言動を改めることができるようになったのは、「自分は理解されている。」と感じられるようになったからだと思います。理解されていると感じられるようになって心の中は穏やかになり、爪にマニキュアを塗ることが無意味なことに思えてきたのでしょう。しかも、前向きに生活できるようになったことで、運動会の応援旗の制作にも加われるようになり、そうした彼女を、学級が自然に受け入れ認めてくれるようになったのだと思います。

彼女の行動が変わっていったきっかけは、私が彼女を理解することに努め、彼女が私に理解されていると感じられるようになったことであると思います。

（2）理解してから　理解しながら

教師は、子どもの成長を願いながら様々な教育活動に取り組んでいます。子どもの言動が問題だと感じたときは、指導することもあります。しかし、その指導が子どもの成長を促す効果をもたらすようにするためには、それなりの配慮が必要です。もし、ある子どもの言動が気になり、そのことを指導しようと思ったとき、教師は、まず何をしたらよいでしょうか。

それは、「子どもを理解すること」です。子どものことを正しく理解することによって、適切な指導が可能となります。

理解しないまま指導したのでは、その効果は発揮されず、かえって悪化させてしまうことも起こり得ます。

効果的な指導のためには、正しく子どもを理解することが必要です。

「理解」と「指導」の関係は、医師が行う「診断」と「治療」の関係に似ています。医師は、患者を診察することによって原因を突き止め、どう治療したらよいかを判断して、処方箋を与えたり治療を施したりします。正しい診断があってこそ、適切な治療が可能となります。診断が間違っていれば、適切な治療を施すことはできません。

私の姉は膵臓癌を患い49歳の若さでこの世を去りました。姉は体調を崩したとき、最初は風邪と診断されました。咳が長く続き、なかなか回復しなかったにもかかわらず、それでも風邪をこじらせてしまったのだろうということで診断は変わりませんでした。

膵臓に癌があるということが発見されたときは、かなり進行していたため、治療は手遅れだと言われてしまいました。風邪ではなく膵臓癌に罹っているという正しい診断がもっと早くなされていたら、癌に対する適切な治療が施されていたはずで、姉は助かっていたかも知れません。正しい診断があってこそ適切な治療がなされるのです。

これと同じ理屈で、子どもを指導するには、まず、子どもを「理解」することが必要です。例えば、登校してきた子どもが涙を流しているとしたら、何があったのかが分からなければ、上手になだめることもできません。正しい理解があってこそ適切な指導や対応が可能となるのです。

このように、その子どもを正しく理解することから始めれば、子どもの成長や発達を促す指導をすることも、問題行動を起こさないようにする指導についても、効果的に進めることができます。理解することは効果的な指導のために絶対に必要です。

もし、すぐに指導しなければならず、指導の前に理解する余裕がない状況にあったとしても、理解しながら指導することは可能だと思います。

「理解してから指導する。」あるいは「理解しながら指導する。」ということを常に心掛けることが大切です。

また、正しく子ども理解することによる効果は、適切な指導をもたらすということだけではありません。その子どもを理解することに努めているだけで、その子どもの言動が改善されていくということがあるのです。指導を施さなくても、言動の改善が見られるということです。

先ほど紹介した彼女は、私の指導によって爪にマニキュアを塗るのを止めたのではないと思います。彼女自らがマニキュアを塗ることを止めたのです。なぜ止めたのか、彼女もその理由は分かっていないかも知れません。確かなことは、私が彼女のことを、特に彼女が抱いている思いを理解することに努めていたことです。彼女は少しずつ私から理解されていることを感じることができるようになり、それによって自ら改めていったのです。

人は、様々な課題を抱え、それに押しつぶされそうになって何らかの問題を起こしていたとしても、誰かから自分のことを受け入れ理解してくれていると感じられるようになれば、行動に変容が生じてくるのです。彼女が化粧しなくなったのは、そういう理由からであり、指導されたからではないと思います。

（3）自分のホントの姿がわかれば

子どもを理解することに努めるとともに、子ども自身が自分のことを理解できるように関わっていくことも大切です。

なぜなら、子ども自身が「自己理解を深める」ことができれば、教師が指導しなくても、子ども自身の力によって望ましい行動を起こすことが期待できるようになるからです。

人は、自ら自己理解を深めることができれば、例えば「自分はなぜ悩んでいるのか。」「自分は何をしたいのか。」「どうなりたいのか。」というようなことが分かれば、「これからどうすればよいか。」といった進むべき方向が見えてきます。その結果、自分で自分の言動をコントロールできるようになります。それは、自分の力で望ましい行動を取ることができるようになるということです。

望ましい行動が取れるようになるかどうかは、自ら自己理解を深めることができるかどうかに掛かっています。逆に、自己理解を深めることができなければ、望ましい行動変容を期待することは難しいということになります。

しかし、自分のことを深く理解することは、簡単なことではありません。自分のことは何でも分かっているように思えても、実のところ分かっていないのです。自分の真の姿を知ることはとても難しいことなのです。では、自分のことを知る、即ち自己理解を深めるためには、どのような方法が考えられるでしょうか。

その一つは、他人の力によって自己理解を深めるという方法です。他人から「あなたは、○○な人ですね。」とか「周りの人から、○○な人に見られていますよ。」などと指摘されることによって、自分の姿に気づくことがあります。

しかし、他人から言われたことは、仮にそうかも知れないと感じても、受け入れることを拒否したくなる心理が働きます。人からの指摘は、簡単には受け入れにくいのです。

それは、他人から言われても、自己理解を深めることに結びつきにくいということです。自己理解が深まらなければ、望ましい行動を取れるようになる可能性はあまりありません。人から言われたからでなく、自ら自分の思いや姿に気づかなければ、望ましい行動を起こすことができるようになるとは限りません。

教師は、子どもの気になる言動に対して説教したり説得を試みたりします。それは、子どもに自分自身のことを分からせようとして、つまり自己理解を深めさせる意図のもとになされている行為だと思います。でも、教師に指摘されたのであって、子どもが自ら自己理解を深めていったわけではありません。そのため、仮に一時的に望ましい行動がとれるようになっても長続きはしません。教師が同じことを何度も説教することになってしまうのは、そうした理由によるからです。

一方、内観や瞑想は、自分一人の力で自己理解を深めるための方法と言えます。子どもを静かな部屋の中に入れてじっくり考えさせるというのも、反省文や課題作文を書かせるのも、自ら気づかせることを狙っています。この方法により自己理解を深めることができれば望ましい行動の変容が期待できますが、子どもの場合は、かなり難しい方法のようです。

反省文を書くことによって自己理解を深めるどころか、いかにしたら教師から許してもらえるか、ということばかり考えていたという事例もあるくらいです。このように、子どもが自分一人の力で自己理解を深めることは簡単ではなさそうです。

他人の力によらないで自己理解を深められるようにしたいけれど、自分一人の力で自己理解を深めるのは難しい。では、ほかにどんな方法があるのでしょうか。

それは、誰かに向けて、自分の思いを語り心の中をさらけ出すという方法です。自分の真の姿は、自分のことを誰かに素直に表し、思いや悩みを語っていくことを通して見えてくるのです。自分の思いや心の内を隠さず表すこと、つまり自己を開示することによって、これまでのことや今の自分について理解を深めることができるようになり、自分の今の在り方やこれからの生き方について分かってくるのです。誰かに「自己開示」することによって、自ら自己理解を深めることができるのです。

課題を抱えた子どもがそれを乗り切っていったのを見たときも、私自身が辛い場面を克服したときも、ある人に向けて自己開示することによって自己理解が深まり、その結果、前向きな行動がとれるようになりました。

望ましい行動変容は、自己開示を通して自ら自己理解を深めていくということから始まります。

ただし、悩んだり課題を抱えたりしている人に自分のことを語らせようとしても、そうしたことを簡単に打ち明けることはありません。心の中で思っていることを誰にでも表すわけではありません。心の内を語るように求められても、相手によっては頑なに話そうとしません。

では、どういう人になら安心して自己開示することができるでしょうか。例えば、信じられる友人と喫茶店で会っているときは、何でも語り合うことができます。信頼している教師には、困っていることについて相談することができます。

このように、自分のことを理解してくれていると感じられる人の前では、安心して自分の思いを語り、自らをさらけ出すことができるのです。

特に、カウンセリングという場では、クライエントはカウンセラーの前では安心して自己開示することができます。教師はカウンセラーにはなれないかも知れませんが、子どもも、カウンセラーのような教師の前では自己開示することができ、自ら自己理解を深めながら望ましい行動をとることができるようになるのではないでしょうか。

（4）子どもを見る視点

幼稚園に通う女の子に、絵を描いてもらいました。「幼稚園で、先生と楽しく過ごしているところね。」とお願いしたのですが、黒く塗りつぶしたところがいくつかあるだけで、何

を描いてくれたのか分かりませんでした。彼女に尋ねてみると、「先生と一緒に並んで写真を撮ってもらったの。」と答えてくれました。撮影の場面というヒントを参考にして、向きをいろいろ変えて見てみたのですが、やはり、何をどう描いたのか分かりません。

彼女には申し訳ないと思いつつ、さらに詳しい説明を求めることになってしまいました。すると、幼稚園で写真を撮ったときの場面を「上から見たところ」と教えてくれました。しかし、それでも、よく分かりませんでしたので、絵の各部分がそれぞれ何を指しているか聞いてみました。

右側の部分は、この女児と先生が並び、左側を向いて立っている姿です。上から見ていますので、頭頂部の髪の毛しか見えません。髪の毛を結んでいるので、それが後ろ（右方向）に伸びています。顔はほとんど見えないのですが、左側に両眼が描かれています。下半分は先生です。上半分は女児で、先生よりも小さく描かれています。女児と先生が描かれている絵から左側の方にも、同じような絵が描かれています。こちらは、写真撮影を担当した保護者（母親）を上から見た絵です。カメラを女児と先生の方に向けています。もう一人の保護者（母親）は、それまでに撮った写真を確認しています。

彼女は、先生と一緒に過ごしているところを描いてほしいと頼まれて、写真撮影の場面を選びました。幼稚園を卒業する日が近づき、先生と並んでアルバムに載せる写真を撮ったことが特に心に残ったからでしょう。

でも、なぜ、上から見た構図にしたのでしょうか。はじめてこの絵を見たとき、詳しい説明をしてもらうまで、何を描いたのか分かりませんでした。どんな発想から、このような構図を思いついたのでしょうか。絵を描いた彼女は、先生の隣りに並んで立っていたのであり、撮影の様子を上から（例えば2階から）見ていたわけではありません。頭の中で、上から見たらこんな絵になると想像したのでしょう。

写真撮影の場面を上から描くという発想には驚ろかされました。子どもの感性や思考の仕方には独特なものがあることに改めて気づかされました。そして、そうした発想のもとに描かれた絵について、詳しい説明を聞かなければ理解できなかったことを情けなく思いました。

大人も子どもだったころには、こうした瑞々しい感性があったのかも知れませんが、いつのまにか消えてしまっているようです。子どもの発想力に敵わなくなってしまったとしても、この名画（?）を鑑賞できるような鋭い感性と柔軟な思考力を身に付けておきたいものです。

さて、写真撮影の場面を上から見た構図にした発想のように、子どもの言動は、大人からはすぐに理解してもらえないことがあります。正しく理解してもらえなかったり評価されなかったりして、子どもを苦しめるようなことがあってはならないと思います。

そもそも、教師は、子どもの言動をどのような視点からとらえているでしょうか。そのとらえ方によっては、子どもに対する評価が変わります。どのように評価するかによって、子どもへの関わり方が変わり、それが、指導の仕方に影響を与えてしまうことがあるのです。

では、子どもの言動をどのようにとらえたらよいでしょうか。その際に大切な視点が何点かあります。

それは、「一面的」ではなく「多面的」に、「個別的」にではなく「総合的」に、「量的」にではなく「質的」に、「固定的」にではなく「動的」に、そして「否定的」ではなく「肯定的」にとらえるという視点です。

まず、子どもの言動を「多面的」に見るという視点です。子どもを様々な面からみるという視点です。勉強は苦手だけれど運動は得意な子どもがいます。歌は下手だけれど絵は上手な子どももいます。この場合、勉強や歌だけに注目していたら、この子どもに対する評価は低くなりますが、運動や絵のことを考えたら評価は高くなります。能力だけでなく、性格が優しいとか人付き合いが良いとか、子どもは様々な姿を見せてくれます。教師は、目の前にいる子どもが見せている姿や言動を一面的に見て評価するのではなく、その子どもの様々な面を、つまり多面的にとらえて評価することが大事です。

また、多面的にとらえると同時に、それらを「総合的」にみるという視点も忘れてはなりません。ある子どもがどんな子どもなのか考えるときは、それぞれの場面で見せる様々な姿をただ羅列するような見方だけではなく、それらの姿を総合してとらえるという視点が大事です。

例えに数学の図形の問題を取り上げて説明します。ある物体は横から見ると四方とも三角形ですが下から見ると正方形だったとします。この物体は何と呼ばれているでしょうか。答えは、正四角錐です。ある子どもを評価するとき、三角形や四角形がいくつもあるという見方だけではなく、正四角錘であると総合的にとらえることが必要です。

次に「質的」にとらえることも大事です。例えば、学力は数字などを使って量的に表すことはできますが、思考の仕方や感性などは質的なとらえ方をしなければ正しい評価はできません。特に、性格や人格に関わることは質的にとらえる必要があります。

また、その子どもの言動を「動的」にとらえることは特に大事な視点です。目の前にいる子どもが今見せている態度や今起こした行動をとらえただけで、その子どもを正しく評価することはできません。

今悲しい顔をしていたとしても、先ほどは笑っていたではありませんか。今やる気のない態度を見せていた彼が、昨日は意欲的に取り組んでいたではありませんか。今や成績の心配など必要のない彼女ですが、昨年は成績不振に喘いでいたではありませんか。

このように、子どもの姿は日々変わっていきます。失敗をしたこともあればコツコツと努力を重ねているときもあります。ひと月前はできなかったことが昨日になってやれるようになったということもあります。これらを全てつなぎ合わせてその子どもを評価すべきです。

特に子どもは、大人よりもずっと柔軟で変化し得る存在ですから、過去に起こした過ちや言動を固定的にとらえて評価することなく、未来を見通した可能性を思い浮かべて評価することが大切です。そのためには、言動を「動的」にとらえることが必要です。

さらに、子どもの言動は、できるだけ「肯定的」にとらえたいものです。その子どものある言動を肯定的にみるか否定的にみるかによって、教師の対応や指導の進め方が変わってしまいます。肯定的に見れば、その子どもが起こした行動の意味まで理解する余裕が生まれてきますが、否定的にとらえてしまうと見えるはずのものが見えなくなってしまいます。

特に子どもは今後も大きく成長し変容していく存在です。肯定的に評価することは、子どもの成長を後押しすることに繋がっていきます。

子どもの成長を目指すなら、こうした視点に立って言動を理解することが必要です。また、子どもの感性や思考の仕方は独特で、そうしたことに気づく力を身に付けておかなければならないと思います。

2 「頑張れ」と言われても

学校には、学校教育目標をはじめたくさんの目標が用意されています。今週の目標、今月の目標、今学期の目標など、時期や期間ごとに定められている目標があります。生活目標、保健目標、学年目標、学級目標、運動会の目標、遠足の目標など、それぞれの場面ごとに目標が掲げられています。集団の目標だけでなく個人の目標を立てることも求められています。

このように、学校の中には目標が氾濫しています。学校教育目標は、教職員が心を一つにして取り組むために欠かせない目標ですが、ほかの目標は精選できるのではないでしょうか。教師であっても、全ての目標が頭に入っている人はいないと思います。子どもの場合はなおさらで、目標を立てれば誰でもそれに向かって努力するようになるとはとても思えません。

目標の多さとともに、子どもに浴びせられることが多いのは「頑張れ」という言葉です。子どもは様々な場面で「頑張れ」と励まされています。先ほど指摘した目標と絡んで、「今年の目標は、勉強を頑張ることです。」「運動会では、綱引きを頑張ります。」など、子どもに頑張らせることを求めています。ある小学校の教室の壁に「給食を頑張る。」と掲示してあったのを見つけたときは、「頑張れ」の使い方に疑念を抱かざるを得ませんでした。

また、十分にやる気が感じられないときや自信がなさそうに見えるときなどに「頑張れ」

と声を掛けることがよくあります。でも、「頑張れ」と言われれば、やる気が出てくるのでしょうか。自信が湧いてくるのでしょうか。確かに、「頑張れ」と声を掛けられて頑張る子どももいますが、そう言われたことがプレッシャーになり、かえってやる気が失せてしまった子どももいるのです。

一方、「頑張れ」と言われなくても頑張る子どももいます。そもそも人が起こす行動は何らかの意思や欲求などから起こされるものです。頑張ろうとする意欲が簡単に湧いてくる子どももいれば、頑張れと言われても気力が出てこない子どももいます。

どんなときにやる気が出てくるのでしょうか、あるいは、なぜ出てこないのでしょうか。その答えは「欲求階層説」という理論から導き出すことができるかも知れません。子どもがなぜそのような態度をとり、なぜそのような言動になるのか、その理由がよく分からないときは、この「欲求階層説」に当てはめて考えると理解できることがあります。

「欲求階層説」は、マズローという心理学者が提唱した考え方で、欲求は階層的に順次満たされていくとする理論です。欲求は五つの階層に分かれており、それは「生理的欲求」「安全欲求」「所属と愛の欲求（社会的欲求）」「尊重欲求（承認欲求）」「自己実現欲求」であるとしています。

人は、まず「生理的欲求」を満たそうとします。トイレに行きたい。お腹が空いたので何かを食べたい。睡眠不足なので眠りたい。疲れているので休みたい。このような、人が生きていくために必要な基本的欲求が「生理的欲求」です。こうした欲求はそのことが満たされなければいつまでも続き、ほかの欲求、例えば、友だちと遊びたいというような欲求は湧いてきません。

トイレに行きたいのに行くことができず我慢を強いられていたとしたら、いつまでもトイレに行きたいという欲求がなくならないということです。つまり、ある子どもが授業中にトイレに行きたくなったとき、我慢をさせて授業に集中させようとしても、それは無理ということになります。トイレに行くことを認め「生理的欲求」を満たしてしまえば、次の段階の欲求を引き出すことができ、授業に集中させる可能性も出てくるのです。

その生理的欲求が満たされると、「安全欲求」が満たされることを求めるようになります。人から傷つけられたくない。危険を感じる状況から抜け出したい。安全が感じられる環境に身を置きたい。こうした安全や安心を求める欲求です。ここでも、「安全欲求」が満たされなければ、次の段階の欲求は湧いてきません。

ある学級に、授業に集中できない子どもがいました。彼は、後ろの席に座っていた子どもから鉛筆で突かれて痛い思いを度々させられていたので、またいつ突かれるのかと不安だったからです。「安全欲求」が満たされていない彼は、授業どころではなかったのです。

この欲求が満たされると、次に湧いてくる欲求は「所属と愛の欲求」です。学級集団の中にあっては、その一員として認めてもらいたいという欲求です。仲間や友人がほしいという欲求です。学級の居心地が悪いと感じている子ども、友だちがほしいけれどいつも一人ぼっちの子どもなどは、「所属と愛の欲求」が満たされていない可能性があります。

いかにしたら「所属と愛の欲求」を満たすことができるか、子ども一人一人の「所属と愛の欲求」が満たされる学級をどのようにして作り上げていくか、教師が考えなければならない重要な課題です。

この欲求が満たされると、次に「尊重欲求」が満たされることを求めるようになります。

学級の中では、仲間の一人として認められるだけでなく、大事にされたい、評価されたい、実力を称賛されたい、役に立ちたい、尊重されたい、というような欲求が湧いてきます。そして、この尊重欲求が満たされると、「自己実現欲求」が引き出されます。頑張ろうと意欲を見せている姿はこの欲求が湧きだしている心理状態であると考えられます。

もし、「頑張ろう」という姿勢が見られない子どもがいたとしたら、もし「頑張れ」と励ましても頑張る様子が見られない子どもがいたとしたら、「欲求階層説」を参考にして分析してみるとよいと思います。

なぜ、その子どもは「頑張ろう」とする姿を見せられないのでしょうか。なぜ「自己実現欲求」が湧いてこないのでしょうか。

それは、「自己実現欲求」が湧いてくる前提である「尊重欲求」が満たされていないからでしょう。もし、「尊重欲求」も満たされていないとしたら、「所属と愛の欲求」が満たされていないからでしょう。この欲求の前提となっている「安全欲求」は満たされているでしょうか。そもそも「生理的欲求」は満たされているでしょうか。このように、遡って考えていくと、その原因が見つかるかも知れません。

前述したように、トイレに行きたいのを必死に我慢している子どもは、いわば「生理的欲求」が満たされていない状態にあります。彼は、何よりもその欲求を満たそうと考えることが精いっぱいで、「自己実現欲求」が湧いてきて「頑張ろう」などという意欲が浮かんでくるはずはないのです。休憩時間にトイレに行かなかったことを責めて我慢させるより、すぐにトイレに行かせた方が賢明な判断だと思います。

学校では、様々な場面で目標を設定したり子どもに目標を立てさせたりしています。そして、教師は、その達成に向けた努力を個々の子どもに求めています。しかし、全ての子どもがいつもそれに応えようと頑張ることができているわけではありません。

そもそも教師は、子どもに「頑張れ」「頑張れ」と言いすぎです。子どもに頑張らせようと思うなら、まず、頑張ろうという欲求が湧いてくる条件がそろっているか考え、そうした状況を整えることが大切です。

3　思春期を迎えた子どもに

子どもから大人に向かう途中の成長段階である思春期は、身体的にも精神的にも変化の激しい時期です。思春期は疾風怒濤の時代と言われることもあり、ちょっとした刺激に過剰反応したり抑えきれない衝動に襲われたり、心情が不安定な状態になったりする時期です。

そのため、思春期を迎えた子どもと関わる親や教師は戸惑うことも多く、大人の手助けがないと生きていかれない乳幼児期と同じくらい苦労が絶えません。

(1)　子どもの思いは複雑

思春期という成長段階には、ほかの時期にはあまり見られない特徴があります。このことを理解しておかないと、その対応に苦労してしまいます。

まず、身体的な特徴は「第二次性徴」と言われるものです。

男の子は男性の体に、女の子は女性の体に変化していきます。人は誰でもこのような変化を経て大人に成長していきますが、子どもにとっては初めての経験であるために、この変化に直面して大きな不安を抱きます。しかも、体が変化していくことに対する不安は、精神的な動揺をもたらします。

私も、中学生になったころに体の性的な変化に気づき、それが正常なのかどうか心配になったことがありました。また、異性の体が変化していくことにも強い関心を持つようになりました。女性の体のことを知りたいと思ったり、逆に関心を抱いていることを人にはあまり知られたくないと思ったり、心の中は複雑でした。そんな思いを親に打ち明けられるはずもなく、そうした不安を和らげてくれたのは一人の友人でした。ほかの生徒よりは性的な成長が進んでいた彼は、私を図書室に連れて行き、体に関する図鑑を開いてニタニタしながら解説してくれました。彼は、私にとっては性教育の教師だったと思います。

次に、精神的な特徴をあげるとすれば、まず「自分意識」です。
自分自身の現在や将来のことを真剣に考え始めます。「自分はどういう人間なのか。」「自分の特徴は何なのか。」「自分が他人からどう見られているのか。」など、自分について無関心でいられなくなります。自分が普通なのかどうか知りたくて他人と比較することが増えていきます。そのため、他人と異なることがあると不安になり、他人より劣る点を見つけては自信を失ったりすることもあります。

精神的な特徴の2点目は、「批判精神」です。

正義感が強く、潔癖な理想主義から大人の言動にズルさを感じて我慢できなくなることもあります。特別な理由もなく反抗的な態度を見せることもあります。そのため、思春期は「第二反抗期」とも呼ばれています。

私にもそうした時期があり、母親に反抗的な態度をとっていたことを覚えています。父親が町内会の会長を引き受けるということに対して母親は強く反対しました。父親が「その役職を全うするためなら、仮に命を落としても本望だ。」と言ったのを聞いたときは、父親の生きざまに感動しました。しかし、それに反対する母親に対しては落胆し、軽蔑の思いすら浮かんできました。母親が反対するのは父親の健康を心配したからでしたが、当時はその思いを理解できず、母親の言うことは訳もなくほとんど拒否していました。

思春期における精神面での特徴の3点目は、「矛盾するような気持ちが同時に存在するという心理状態」です。

典型的なのは、「自分を束縛するものに対抗してそれを撥ね退けたい気持ち」と「どことなく不安を感じて人に依存したい気持ち」が共存している心理状態です。

また、「理解してもらいたい気持ち」と「関わられることを拒否したい気持ち」という相反する気持ちが交互に表れるようなこともあります。自分の気持ちが整理できず心の中が混乱している状態と言えるかも知れません。

社会的な特徴もあります。それは、「中途半端」な状態に置かれていることです。大人扱いされたり、子ども扱いされたりします。場面によって「中学生になったんだから。」と責任を負わされるような言い方をされたかと思えば、「まだ中学生でしょ。」と言われたりします。

このように統一性のない扱われる方をされる子どもは、大人の言うことに納得できず、強い不満を抱くに違いありません。思春期は、精神的に不安定だけでなく、社会的にも不安定な時期なのです。

（2）思春期の子どもには

思春期を迎えた子どもと関わる際には、この時期の特徴を踏まえた配慮が必要です。そうしたことを考えずに対応したために、関係を悪化させてしまったということもあります。教師は、思春期に関する理解を深め、きめ細かな指導や対応ができる力を身に付けておくことが大切です。

また、思春期にふさわしい関わり方をすることができず、どう対応したらよいか困っている保護者もいます。教師は、そうした保護者に向けて適切なアドバイスをする必要があります。

まず、思春期の子どもの心の中には「自立」と「依存」が同居しているので、それなりの対応が必要です。

例えば、親があることを指示すると、「言われなくたって分かっているよ。」と嫌そうな表情を見せたり、「うるせえな。」と明らかに反抗的な態度をとったりします。そこで今度は何も言わないで任せてみようとすると、不安そうな姿を見せ何気なく寄ってきたりします。親とすれば、正反対の態度を示す子どもにどんな接し方をすればよいか困ってしまいます。教師も同じようなことを毎日のように経験し、思春期であることを考える余裕がないときは、イライラして子どもとトラブルを起こしてしまうこともあります。

こうした思春期真っ只中の子どもに対しては、教師も保護者も「手を放せ。目と心は離すな。」という心掛けを持って接していくことが大切です。「手を放せ。」とは、できるだけ本人に任せてやらせた方がよいということです。でも、やらせっ放しというのではなく、様子を何気なく見たり、どんな思いでいるのか常に考えたりしていることが必要で、それが「目と心は離すな。」ということです。

できるだけ子どもにやらせようとしながら、その様子を見守っているという姿勢でいるときの心境は、言葉に表すと「内心はハラハラ」ということになります。でも、ハラハラしている心境を子どもに悟られることのないよう「態度はゆったり」しているように見せることが肝要です。「内心はハラハラ。態度はゆったり。」という心掛けです。

次に配慮することは、子どもに対してどのように期待すればよいかということです。親も教師も、子どもの成長を期待しています。子どもの成長を期待するのは当然のことかも知れませんが、期待の仕方に関して気を付けなければならないこともあります。

親が期待し過ぎてしまい、それに押しつぶされて意欲も元気もなくなってしまったという子どもは少なくありません。例えば、高校受験のことが話題になり始めると、子どもは自分の将来のことを考えながら自身の学力や能力について自己評価せざるを得なくなります。そこへ親から突き付けられた過度の期待が重なることによって不安が増大し悩み苦しむ結果となります。親や教師からの大きな期待によって意欲が湧いてくることもありますが、期待のし過ぎが逆効果になることもあります。

適度な期待が理想です。適度な期待は、子どもを成長させることに繋がります。親や教師は、日ごろから子どもに寄り添い、掛けている期待が適度かどうかを見極めることが必要です。また、期待していることを上手に伝えることも大事です。そのためには、子どもの言動から目を離さないようにします。認められるところや褒められるところを見つけたら、タイミングよくそれを認めたり褒めたりすることが必要です。

また、上の子どもに期待していたものの思い通りにならず、そのタイミングで伸びてきた下の子どもに期待するようになり、上の子どもへの期待を諦めてしまうということもあります。期待が大き過ぎて押しつぶされることもありますが、諦められたときはもっと悲惨な結果になってしまいます。

「期待し過ぎ」はダメ、「諦める（期待しない）」はもっとダメです。

ところで、思春期の子どもを抱えた保護者が子育ての心配ごとを教師に相談してくることがあります。教師は、その思いを受け止め、語り合い、適切な助言をすることが必要です。

例えば、家庭の在り方を心配する保護者には、次のような話をしてみてはいかがでしょうか。

「温もりが感じられる家庭は、思春期を迎えた子どもにとっても最も必要なことです。互いに認め合い支え合って生活する家庭であってほしいと思います。兄弟姉妹の誰もが同じように可愛いと思わせる関わり方が大事です。特に、親の愛情は『目の中に入れても痛くない。』とも言われることがあります。そうした親の愛情が感じられるように努めましょう。」

親子関係のことが気になる保護者には、理解し合うことをテーマにして話してみましょう。

「良好な親子関係は、相互に理解し合うこと、すなわち、親が子どもを理解し子どもが親を理解することによって築かれます。ただし、子どもは親になったことがありませんから、親を理解するのは難しいかも知れません。その点、親は子どもだった時代がありますから、そのときのことを思い出して子どもを理解することができるはずです。

また、赤ちゃんが泣き止まないときは、親の方からなぜ泣いているのかあれこれ考えて対応してきたはずです。言葉が少なく表現することを拒みがちな思春期の子どもに対しても、赤ちゃんと同じように、なぜそのような言動をとるのか考えるようにして対応したいものです。」

子どもが問題行動を起こしたときも、保護者から相談されることが多いようです。

「問題行動は、親の在り方を気づかせるサインと考えましょう。親としての在り方を見直すきっかけにして、家族の在り方を改善する方法を見つけます。『家庭の問題が、思春期の言動に表れてくる。』『これまでの子育ての結果が、思春期に表れてくる。』という考え方に立ち、改めて、問題行動の背景や原因を考えてみましょう。」

私が異動により着任したばかりの学校は、数人の3年生が教師の指導に従わず、保護者をはじめ学校関係者に心配を掛ける状況にありました。4月の下旬になっても落ち着く気配が見られませんでしたが、計画通り保護者向けの授業参観が行われました。

来校した3年生のある保護者の方は、授業に出ないで廊下の隅に座り込んでいた数人の生徒を見つけ、大きなショックを受けました。思春期の子どもたちにやるせない思いを抱き、そのときの気持ちを手紙にして私に届けてくれました。この手紙には、思春期の真っ只中にある生徒たちを包み込むような思いが綴られてありました。

「(前略) もしも、この中に自分の子が入っていたらと思うと、親御さんたちの心情を思わずにはいられません。また、本人たちは笑いながらふざけていましたが、私にはとても楽しんでいるようには見えず、むしろ孤独や淋しさに必死に耐えているように見えました。このままではいけないと皆気づいていながらクラスに戻れず、行き場を失ってしまっているように思えました。また、友人たちのそういう姿を見ながら教室で授業を受け続けている大勢の子どもたちも、とても複雑な思いでいっぱいだと思います。(途中省略)

各々にいろいろな事情を抱え、家庭のこと、学校のこと、勉強のこと、友人のこと、その他原因はおそらく一つではなく複雑に絡み合っていることと想像しております。今日初めて知ったばかりで、何の事情も知らない私が何も言える立場ではないと分かっておりますが、何とかその子たちにとってより良い方向へ向かってほしいものだという思いで帰途に着きました。

そしてまた、我が子も例外ではなく、ほんのちょっとしたボタンの掛け違いでいつでも同じ状況になり得るのだと思うと、決して他人事とは思えずにおります。(途中省略)

今回のことで、大人の責任というものについて改めて考えさせられました。思春期の彼・彼女たちの心が、私が思っている以上に不安定でガラスのように傷つきやすいものだということも。そして、自分の手を離れていく子どもに淋しさを感じながらも、ついつい忙しさにかまけて楽をしてしまっている自分。本当に我が子と向き合おうとしていただろうか、我が子をしっかり見ていただろうかと反省しています。

中学3年間、本当にあっという間ですね。どの子にとっても、良い思い出が一つでも多く心に残る中学校生活であってほしいものだと切に願います。」

4 教師に心を開くとき

昭和50年代の後半ごろから、多くの学校で生徒の問題行動が目立ち始め、全国各地の中学校に「校内暴力の嵐が吹き荒れた。」と言われるようになりました。さらに、女子生徒も男子に負けないほどの問題行動を起こすようになりました。多くの教師はそうした行動を目の前にして困惑し、それを封じ込めるためにどうすればよいかと効果的な方法を探し求めていました。

同じころ、私が勤務していた中学校でも、女子生徒のグループが連日のように問題を起こしていました。学年主任を務めていた私は、そうした生徒に関わりながら彼女らの心情を理解することに努め、望ましい行動に導こうと指導を続けていました。

しかし、疲労が重なって風邪をひいてしまい、しかも早く治そうとして服用した薬が強すぎたために胃腸がやられ、一週間ほど入院することになってしまいました。

病院のベッドに横たわりながら、問題行動を重ねる女子生徒のグループのことを心配していたところ、その彼女らが教頭先生に連れられて私の入院先にまでわざわざお見舞いに来てくれました。問題は起こすものの、人情には厚い彼女らの行動に感動しました。帰り際に「先生（私）が退院して学校に行かれるようになるまで、ほかの先生たちに迷惑を掛けるようなことはするなよ。」と言って見送りました。リーダー格の彼女は私の思いを受け止め、この間は問題行動を控えたようでした。

しかし、私が退院した後は、乱れた服装で登校したり、他校生と争いごとを起こしたり、家出をしたり、ガラスを割って体育館に侵入したり、下級生を威圧したり、様々な問題行動を重ね続けました。卒業式を間近に控えたころになっても落ち着かず、教師らは式の当日も何かが起きるのではと心配していました。でも、私は、彼女らと気持ちが通じていたこともあり、何も起きないと確信していました。

案の定、卒業式の当日は、問題が起きないどころか、リーダー格の彼女は誰よりも早く登校し、職員室にいた何人もの教師に感謝の言葉を添えながら花束を渡していました。これまで、何度も指導が空回りして悔しい思いをしたこともありましたが、彼女らを見捨てることなく関わってきてよかったと心の底から思い、心が通じ合えた幸せを感じた一瞬でもありました。

ところが、リーダー格の彼女は、卒業後すぐに警察にお世話になるほどの問題を起こしました。研修のため学校を離れていた私は、彼女の不祥事を知り宿泊していた研修先から手紙を出したところ、すぐに返事が返ってきました。このことがきっかけとなり、約2年間文通を続けることになりました。彼女は手紙に中学時代のことや現在の思い、そしてこれからの願いなどを赤裸々に綴ってくれました。

その中で、問題行動に走ったときの気持ちも語られました。

「ツッパリが充実しているかと聞かれると、答えはただ一言、楽な方へ逃げているということです。苦労しない方へ逃げているからです。」

「ツッパリは、自分の気持ちを素直に出せないのです。寂しがり屋だと思う。自分がイライラしているときに悪いことをすると、やったあ！という気持ちになります。でも人に迷惑をかけるんですよね。結局は弱いんですね。」

「私がなんでツッパッたかって、たいした理由じゃない。好きな人がツッパリだったから、その人に近づきたくて。それと、あとは楽しもうと思ってね。あとは、目立とうという気持ち。このために、何人の人に迷惑をかけたかな。」

「校内暴力って、自分の気持ちを分かってもらえなくて、八つ当たりしてんのよ。赤ちゃんと同じね。泣いてんじゃないかな。ただ、先生たちを困らそうとか驚かそうなんていうときもあるかな。」

「私が留置場にいたとき、お母さんが差し入れに来てくれた。お母さんはすごくやつれていて可哀そうだった。あの時、はじめて泣いた。本当はごめんねって言いたかったけど、反対のことばかり言っちゃった。お母さんと一緒に帰りたかった。あの時の気持ちが残っているから、今、ツッパル勇気が出てこない。」


彼女は、教師に対する思いも語ってくれました。問題行動を繰り返してきた彼女は、もしかしたら他の一般の生徒と考え方や感じ方が大きく異なっているかもしれません。でも、彼女が語ってくれたことは、全ての教師が聞いておく価値があると思います。

「先生が文通してくなかったら、もっと早くツッパリに戻ったと思う。先生にとって、私は何ですか。私にとって、先生は大変な人です。もし中学のときに見放されていれば、もっと悪くなって面会に来たお母さんのことなんか忘れてると思います。高校に行ってるのも先生たちのおかげです。」

「よく分かんないけど、先生っていうのは勉強だけを教えるんじゃないと思う。どんなことがあっても、生徒を見放したらいけないと思う。ツッパリを、はじめから先生と生徒という感じで見ないで、友だちになった気分でいた方が心を開くと思う。それで、その子が立ち直るかどうかは分からないけれど、人には絶対に良心があると思う。」

「先生たちの直そうとしてくれる姿でツッパリやめる人もいるんだから、そういう生徒の気持ち、分かってくれなくちゃ。見放して、親のせいとかにすれば、その子は先生に対して余計ツッパルのよね。」

「私が本当に悪いこと（売春とかシャブとか）しなかったのも先生のせい。中学校の先生って気に入らない先生もいたけどみんないい先生だったよ。気に入らなくても、その人なりにいい先生だったよ。」

問題行動を繰り返す彼女に対して、それを止めることはできませんでした。問題行動に走る背景には何らかの課題を抱えているはずだと思っていましたが、それが何なのか、当時は分かりませんでした。ひたすら全力で関わるしかないと覚悟して彼女の問題行動を追い続けてきました。彼女の思いを理解できず、事態が好転しないことに心が折れそうになる毎日でした。それだけに、卒業式の日に彼女が用意してくれた花束には救われた思いがしました。

彼女が心を開いたのは、文通を始めてしばらくしてからでした。私が心掛けたことは、彼女の手紙に綴られた思いを理解することに努め、そのことが彼女に伝わるように書いて返信することでした。手紙という手段を通してカウンセリングと同じ効果を生み出せるのではないかという期待もしていました。

彼女は、自分の考えや思いが常識から大きく外れているようなことであっても、私がそれらを非難することなく受け止め理解していることに気づいてくれていたと思います。彼女は、手紙の中で心の内を隠すことなくさらけ出し、やがて、自分の性格や誤った言動に気づき当時のことを後悔する言葉も並ぶようになりました。自己開示できるようになって自己理解が進んでいったと思えるような手紙の内容になっていきました。文通を通して、彼女の心の内は間違いなく変化していきました。

また、彼女の思いが綴られた手紙には、多くの教師に聞いてほしい内容もありました。その中の一つ、「どんなことがあっても、生徒を見放したらいけない。」というメッセージは、全ての教師が心に留めておきたいことです。

第二章　子どもを育て導く

1　子どものより良い成長をめざして

（1）自らの意志と判断によって

他校の教師から「生活指導が大変ですね。」と同情されたことがありました。教材研究や授業の準備に掛ける時間よりも、問題行動などの指導に費やす時間の方が断然多い学校に勤務していたからです。

集団で他校の生徒とけんかをして警察のお世話になるということも度々ありました。夜間になって喫煙している生徒がいるという通報を受け、自宅からその現場に駆けつけたこともありまた。乱暴な生徒が、おとなしい感じの生徒を生意気だと言って殴り、顎の骨を骨折させる事件が起きたこともありました。

こうしたことが起きる度に、会議を開いてどう対処するか協議し、関係生徒を説諭したり、保護者会を開いて協力を求めたりしました。学校の対応に納得できない保護者から激しい抗議を受けることもあり、毎日遅くまで学校に残り対応や指導に明け暮れたこともありました。このほかにも、喫煙やけんかなどの問題は毎日のように起き、同僚教師の中には「生活指導のない学校に異動したい。」と校長にお願いしていた人もいました。

ところで、この「生活指導のない学校に異動したい。」という言い方もそうですが、教師の間で、「うちの学校は、生活指導が大変なので。」とか、「生活指導はあまりないけど保護者からの苦情が多くて。」などという会話が飛び交うことがあります。この場合、「生活指導」はどのようなことを指しているのでしょうか。

それは、子どもが問題行動を起こすと、それを止めさせたり、関係生徒に反省を求める指導をしたり、問題行動が今後起きないようにする対策を考えたり、こうした問題行動に関係する指導や対応を指していると思われます。

でも、「生活指導」をこのような意味だけで使うのは間違っているのではないでしょうか。もし、問題行動を制止したり予防したりするために行われる指導を生活指導だとするならば、「問題行動がなければ生活指導はない。」ということになります。本当にそうなのでしょうか。

そもそも、生活指導は何を目指して進められる教育指導でしょうか。一部の子どもに対して、生活指導を担当する教師だけが行う指導、という限定的なものではないはずです。なお、本稿では、「生活指導」は「生徒指導」と同義であると解釈し、その内容は次のように考えて使うことにいたします。

「生活指導」とは、子どもが自分の行動を自らの意志と判断でコントロールできる力を育てることを目指した指導と考えています。要するに、自己指導力を育成する指導です。

子どもに不正をさせないようにしたり、不正行為を正したりする指導にとどまらず、不正をしようと思えばできる場面でも「自分の意志で不正をしない子ども」を育てる指導です。さらに加えるならば、「しなければならないことや、やった方がよいことは自分から進んでやる子ども」を育てることを目指す指導です。

生活指導は、「全ての子どもを対象に、全ての教師により、全ての教育活動を通して行われる」指導です。「問題行動対応型」ではなく「自己指導力育成型」で進めたいものです。「子どもがいるところ、生活指導あり。」です。

中学校の生活指導主任の研修としてある高校を訪問し、昼食と休憩時間、それに続く5時間目の授業を見学したことがありました。その際、昼食に食べたと思われるパンの包装紙が教室や廊下に散乱しているのを見たときはびっくりしました。しかも廊下の隅には、数日前からそのままになっているようなゴミくずもありました。授業が始まった教室を覗くと、前の方の席に座っている生徒は授業に専念していましたが、後ろの方では授業とは関係のないことをしている生徒が目に入りました。こうした光景は、たまたま訪問したこの高校だけに見られたことで、ほかの高校にはあり得ないことだったのかも知れませんが、とてもガッカリしました。訪問した生活指導主任は、自分が勤務していた中学校の生徒に対しては、清掃についても授業中の態度についても熱心に指導していましたから、この高校の現状を見てかなり驚きました。

授業を見学した後、中学校の生活指導主任と高校側の数人の教師による懇談会が行われました。その会議の場で、ある生活指導主任が質問に立ちました。「授業中、後ろの席にいた数人の生徒は漫画の本を読んでいましたが、高校の先生は注意しないのですか?」と尋ねました。さらに、「廊下や教室にはゴミがかなり散らかっていましたが、掃除をちゃんとやらせていないのですか?」という質問も続きました。

するとき、高校側は、この質問に対し、まず「これが中学校教育の結果です。」と言い切ったあと、「中学校では授業中の態度が悪ければ注意をして正してきたと思います。校舎の中をきれいに保つことについても指導を重ねてきたことと思います。」という説明が続きました。そして、次の説明を聞いたとき、私は愕然としました。「でも、高校生になって教師から何も言われなくなると、中学生のときに指導されたことができなくなってしまうのです。中学校では、教師に言われたからやっていたのでしょう。言われたからやっていた、つまり、自分の意志でやっていなかったのです。指導されたことが自分のものになっていないのです。」と言われてしまいました。

言われた瞬間は、高校側に「授業をちゃんと受けなかったり校舎を汚したりしていたら、黙っていないで指導すべきではありませんか。」と反論したい気持ちにもなりましたが、すぐに「高校側からの指摘の通りかも知れない。」と納得せざるを得ませんでした。中学校教育に携わってきた者として、なぜか恥ずかしい気もしました。

これまで何を目指して指導してきたのでしょうか。教師が指導する通りに行動する生徒を見て、指導の成果があったと思い込んでいたのかも知れません。指導した通りに行動できる生徒が良い生徒で、指導に従わない言動を問題行動として対応してきたのかも知れません。思うように指導できる教師が指導力のある教師であると錯覚していたかも知れません。生活指導主任の号令で全体の生徒が整然と集団行動している様子を見て満足していたのかも知れません。

高校側から突き付けられたことは、「中学校では、教師の指導がなければ望ましい行動がとれないような生徒を育ててきたに過ぎない。」ということでした。これまでの指導の在り方を根本から問い直さなければならないと強く思いました。生活指導は何を目指して進められるものでしょうか。教師の指導によって望ましい行動がとれるようになればそれでよい、というものではないのです。教師の指導がなくなったら元の状態に戻ってしまうというのでは、指導の効果は何もないということになってしまいます。

生活指導は、子ども自身の行動を自らの意志と判断でコントロールできる力を育てることを目指してなされる指導です。

全ての子どもを対象に、全ての教師により、全ての教育活動を通して、自己指導力を身に付けさせることを目指して行われなければならないのです。

（2）問題行動に走る子どもに

生活指導は、全ての子どもを対象にして自己指導力を育てることを目指した指導です。一方、一部の子どものこととはいえ、「問題行動に走る子ども」をどのように指導するかということも生活指導上の大きな課題の一つです。

なぜ、子どもが問題行動に走るのでしょうか。問題行動を起こす子どもを、どのように理解すればよいのでしょうか。

そもそも問題行動とは、どのような行動を指すのでしょうか。実は、子どものある行動が問題行動になるのかならないのかは、判断する人によって変わってしまいます。問題だと判断する人がいれば、その行動が問題行動とされる可能性がありますが、問題だと思う人がいなければ、その行動は問題行動にはなりません。

判断する人が保護者か教師かによって問題行動かどうかが変わってしまうということが

あります。例えば、ある子どもの言動について、教師が問題だと判断して保護者に話したところ、保護者はそうは思わないと反論され、指導が空回りしてしまったというようなことも起こります。

また、精神科の医師が問題だと指摘する行動は、教師のそれとは異なることもしばしばです。教師は、暴力や反抗など反社会的な行動を問題行動としがちですが、精神科の医師は、自己主張ができないこととか不登校などの非社会的な行動を問題視して心配をする傾向にあります。

学校では、問題だと判断している行動には二つのタイプがあります。一つは、その行動が校則や法律、社会規範などに照らしてみて社会的に好ましくないとされる行動です。もう一つは、発達的観点からみて、年齢に応じた発達をしていないため、現在及び将来の社会生活への適応が困難になると心配される行動です。

子どもは大人に向かって成長する途上にあり、身体的にも精神的にも大人に比べて不安定です。また、子どもは、社会生活の経験も乏しく、そのときの状況に適した行動がとれるとは限りません。そのため、人として未熟な子どもは誰もが問題行動を起こす可能性があります。しかも、大人であれば問題行動と思えても、子どもであれば止むを得ない行動であって問題行動とは言えないこともあります。

ですから、子どもの気になる行動を、簡単に問題行動だと決めつけないことです。例えば、殺人は誰もが問題だと判断することでしょう。では、喫煙はどうでしょうか。宿題忘れはいかがでしょうか。親の言うことを聞かないのは問題行動でしょうか。学校に来ないというのは問題でしょうか。教師に反抗的な態度をとるというようなことは、問題行動なのでしょうか。このように、問題行動をどのように考えたらよいのか、容易なことではありません。

もし、ある子どもの行動が問題だと指摘されたとき、学校や教師は、どのように考えて対処すればよいでしょうか。

まず、「学校や教師にも原因があるかも知れない。」と考えましょう。子どもが問題行動を起こした原因が全て家庭にあると思われたときは、その子どもの保護者に指導することを求めるかも知れません。こうした場合でも、教師は、学校や教師にも原因があるかも知れないと考えたり、その行動の背景を理解したりすることに努めるべきです。

例えば、教師に対して反抗的な態度を見せてきたとか、腹を立てて教室の壁を破壊したというような事態が生じたとき、そうした行動を駆り立てた原因は何なのか、これまでの指導に問題はなかったか、というようなことを考えることが大切です。「子どもにとって魅力のある学校か。」「心の安定の得られる学級か。」「問題行動をはじめ子どもの行動や心理を深く理解できる教師か。」というように、学校・学級・教師の在り方を問い直すきっかけにすべきです。

しかし、子どもが問題行動に走る原因について、どう考えても学校や教師に心当たりがないこともあります。教師や学校に非がないと判断できれば、その子どもを叱り保護者に指導を任せたくなります。でも、「学校や教師に責任がないとしても、学校でもできることがあるかも知れない。教師にもできることがあるかも知れない。」と考えて、その子どもの指導に積極的に関わることが必要です。

私はこのように考えて、問題行動に走る生徒たちを何とかしようと夢中になって関わりました。特に、教師になりたてのころは、いわゆる熱血教師で、非行から立ち直らせようと必死でした。でも、熱血教師であったために失敗したこともありました。私が熱心に関わった生徒の一人は、私の指導が激しかったことで心を閉ざし、かえって問題行動を助長してしまいました。また、うつ病などの精神疾患があることに気づけず、私の熱心さによって悪化させてしまったこともありました。

ですから、「学校や教師にも原因があるかも知れない。」「学校や教師にも、できることがあるかも知れない。」と考えることは大事ですが、そのときの問題や状況によっては、「学校や教師だけで全て解決するとは限らない。」という謙虚な姿勢で問題行動に臨むことも忘れてはなりません。同僚教師とチームを組んで指導に当たったり、学校外の教育機関や医師・警察などと連携を図ったりすることも必要です。

ある子どもの行動が問題だと感じたときの対処の仕方についてまとめてみます。

まず「学校や教師（自分）にも原因があるかも知れない。」と考えて、これまでの経過を振り返ります。

次に、学校や教師にその原因が見当たらないとしても「学校や教師（自分）にも、できることがあるかも知れない。」と考え積極的に指導に取り組みます。

しかし、「学校や教師（自分）だけで全て解決するとは限らない。」と謙虚に受け止めて、同僚教師に協力を求めたり学校外の教育機関等と連携を図ったりすることも必要です。

ほかにも、問題行動に走る子どもの指導に際して心掛けておくべきことがあります。それは、ただやみくもに「問題行動を消失させる。」ことだけに集中しないということです。もちろん、同じような問題行動を重ねないように指導しなければなりませんし、特に危険を伴う行為は即座に制止しなければならないことは当然のことです。

問題行動がなくなれば、それはそれで結構なことですが、指導はそれで終わりではありません。その子どもが問題行動を起こしたのは、何か理由があるからで、そこに踏みこんでこそ指導です。

「問題行動に走らせている背景や望ましい行動を妨げている原因を見つけて除去すること」や「年齢相応の発達課題を遂げさせること」を目指します。

問題行動に走る子どもに対する指導であっても、「自己指導力育成型」の生活指導を実践することが大事です。

2　一人一人の子どもを育てる

(1) 優しさか　厳しさか

ある子どもが「担任の先生が優しい先生でよかった。」と喜んでいました。「厳しく指導してください。」と言ってくる保護者がいました。この場合、何をもって「優しい」とか「厳しい」とか言われるのでしょうか。指導は、優しい方がよいのでしょうか。厳しく指導した方がよいのでしょうか。

そもそも「優しい指導」とはどのような指導を指すのでしょうか。間違ったことをしても軽く注意されるだけで強く叱られることもないような指導、あるいは、謝ればすぐに許してもらえるような指導をイメージするかも知れません。こうした指導は、一見子どもたちに歓迎されるように見えても、このような指導しかできない教師に対する評価は低いようです。

では、「厳しい指導」とは、どのような指導でしょうか。小さな失敗も許されず、言い訳も聞いてもらえないような指導、あるいは、威圧的な態度から大きな声で叱られ、時には叩かれたりするような指導をイメージするのではないでしょうか。体罰は論外としても、何としてでも教師の指示通りにさせようと厳しく怒鳴っている教師を見たことがありましたが、とても不愉快に感じました。

このような指導が「優しい指導」あるいは「厳しい指導」であるならば、どちらの指導も子どもの心に響くことはなく、教育的な効果を期待することはできません。こうした指導は必要ありません。

では、どのような指導が、望ましい「優しい指導」あるいは「厳しい指導」でしょうか。まず「優しい指導」とは、子どものことを第一に考え、子どもの気持ちを受け止め、子どもの立場を尊重し、受容的な態度で接していく指導です。それは、見た目に優しいということではありません。子どもの意思が尊重されるため、子ども自身に決断を迫る指導となることもあります。その場面では、優しさより厳しさを感じさせることになるかも知れません。

それに対して、「厳しい指導」とは、子どもたちに、社会に目を向けさせ規則や道徳に照らしながら社会の仕組みを大切にすることを教える指導です。優しく説諭されていても、社会の仕組みを優先した指導のために子ども自身の欲望を抑えなければならない厳しさに直面することになります。

子どもに対する教師の態度が優しいか厳しいかではなく、優先されることが「子どもの思い」か「社会の仕組み」かによって、「優しい指導」か「厳しい指導」かが決まってくると考えています。

さて、子どもの立場を尊重して指導する「優しい指導」と、社会の仕組みを大切にして指導する「厳しい指導」とでは、どちらが大事なのでしょうか。私は、「優しい指導」も「厳しい指導」も必要な指導であり、そのときの状況によって使い分ければよいと考えています。子どもの立場を尊重したり社会の仕組みを説いたりして、つまり「優しさ」と「厳しさ」とを織り交ぜながら指導していけばよいのです。

また、「優しさ」と「厳しさ」のどちらを優先させればよいかということを論じるよりも、もっと大事なことがあると考えています。それは、いずれの指導においても、教師がどんな思いから「優しい指導」あるいは「厳しい指導」をするのかということです。教師のどんな信条から「優しい」あるいは「厳しい」という指導態度が生まれてくるのか、ということです。なぜ優しい指導になるのでしょうか。何を考えて厳しい指導をしているのでしょうか。

私は、指導に当たって大事なことは、「子どもを大切に思う教育愛」からなされているかということであると考えています。「その子どもをもっと成長させよう。」「子どもが抱えている問題を取り除いてあげよう。」「子どもと深く関わっていこう。」などという思いを強くもって接していく中で、必要に応じて「優しい指導」や「厳しい指導」がなされていけばよいと考えています。

「子どもを大切に思う教育愛」から導かれた指導であるならば、子どもの立場を尊重する「優しい指導」も、社会の仕組みを大切にする「厳しい指導」も、いずれも、子どもを成長させる効果的な指導になるはずです。

かつて私が主任を務めていた学年に、ときどき問題を起こす女子生徒がいました。彼女は担任の若い男性教師や学年主任の私に叱られることが度々ありました。担任の男性教師は、強い口調で叱る度に拳骨で彼女の頭を上から殴るような仕草をしていました。体罰とは言えないまでも厳しい指導に見えました。その彼女が私に「(担任の)○○先生は全然怖くない。先生(私)に叱られる方が怖い。」と言ったことがありました。彼女は、悪いことをしたときに、教師から激しく怒鳴られたり叩かれたりするかも知れないという怖さより、自分に信頼を寄せてくれている教師から見捨てられてしまうことの方が怖いと説明してくれました。

また、ある同僚教師は、いつも優しい態度で子どもたちに接しているのに子どもたちの信頼を得られないと嘆いていました。そこで、子どもたちからその教師のことを聞いてみたところ、叱ってほしいときに叱ってくれない、本気で考えてくれている感じがしない、というような答えが返ってきました。教師が子どもから信頼を寄せられるのは、見た目に「優しい」か「厳しい」かというようなことではなく、子どもに対しどれほど本気で関わろうとしているかによるのです。

私の場合、教師になりたてのころは生徒に対してとても厳しかったと思います。小さなことも見逃さず、説教するだけでなく反省をきちんとするまでは簡単に許さないような教師でした。先輩教師から「あなたの指導は鋭く、カミソリのようだ。」と言われたこともありました。心に響くはずもない厳しい指導をする教師であったと思います。若さを武器にして生徒に関わることも多く、それなりに頼りにされていたと思っていましたが、叱られた生徒にとっては嫌な感じの教師だったかも知れません。

でも、経験を重ねていくうちに、ある生徒から「厳しいけれど優しい先生」と言われるようになりました。自分でも、「心から関わろうとする教育愛」に基づいた指導が少しずつ増えてきた感触が得られるようになりました。

（2）個人の成長か　集団の向上か

学校は、子どもたちに知識を獲得させることをねらいとしている場所であるとともに、集団で生活するために必要なことを実践的に学ばせる場所でもあります。学校を子どもたちが将来生きていく社会の縮図と考え、社会生活に必要なことを身に付けさせようとしています。

集団で生活するためには決まりが必要です。ところが、そのことを理解することができなかったり守れなかったりする子どももいますので、教師は、子どもたちが円滑に集団生活を送ることができるよう指導しなければなりません。

一般社会においては、集団の規則を守らなかったり規律を乱したりする行為は強く咎められ、罰則も用意されています。そうした行為は集団生活を成り立たなくさせてしまう可能性があるからです。学校においても、集団生活を乱す行為は指導の対象となります。逆に、集団を向上させる行為や集団生活を充実させることに結びつく行為は、大いに称賛されます。

例えば、運動会が行われるときは、自分のチーム（学級）が好成績を獲得できるように頑張ることを求められます。作品が大きな大会で入賞すると、全校生徒の前で表彰されたりします。また、日常の学校生活においても集団生活に必要な決まりを守るように指導されています。

このように、集団に貢献した行為は褒め称えられ、集団生活を乱す行為は叱られます。集団行動が整然と行われることを目指した訓練、すなわち集団指導も行われています。

一方、集団生活を送る中で規則が重んじられるなどの制約を受け、辛い思いをしている子どももいることを忘れてはならないと思います。

私が担任したある女子生徒は運動会に向けた練習に意欲を示さないので、周囲の生徒から「みんなで頑張ろうと決めたでしょ。あなたのせいで勝てないかも知れないよ。」と責められていました。ほかのことでは協力的な彼女が、なぜ運動会に向けてはこのような態度を示すのか気になり、意欲的になれない理由を尋ねてみました。すると彼女は、周囲には知られたくないと答えにくそうにしていましたが、身体的なことが理由であることをそっと明かしてくれました。

私は、活気に溢れた学級が大好きで、運動会に向けても全員で燃え上がって取り組むことを求めてきました。でも、彼女の辛い思いを知った途端、運動会のことで彼女を苦しめたくないと思いました。

集団生活を基盤とする学校においては集団行動が優先されることが多く、そのため、個人の行動が制限されたり我慢を強いられたりすることも出てきます。学級対抗形式の競技では、メンバー（個人）はチーム（学級）のために尽くさなければならないような雰囲気にさせられることがあります。自分のことはさておき、仲間や学級のために結果を出すことを迫られることもあります。そのため、学級の好成績をもたらすために活躍できるメンバーは誇らしい思いを抱くことができますが、そうでないメンバーは肩身の狭い思いをすることになってしまいます。

このように、学校では「集団の向上」ということが子どもたちに求められています。しかし、このことを目指す取り組みの中で苦しんでいる子どももいます。集団の力によって押しつぶされそうになってしまい、成長を阻まれかねない子どもも出てきてしまいます。「集団の向上」のために「個人の成長」が犠牲になってはなりません。もちろん、「個人の成長」を優先させるために「集団の向上」をないがしろにしてよいというわけではありません。「集団の向上」と「個人の成長」を両立させるという大きな課題を解決しなければなりません。

学校では「個人」と「集団」のどちらを優先すべきかと問われれば、私は、「個人」であると考えています。学校では、子ども一人一人を育てることが目標であり使命であると考えています。

では、子ども一人一人すなわち個人を育てるために、学校ではどんな方法や手段がとられているでしょうか。その一つとして個別に指導することがあげられます。面談して悩みを聞き取ったり、個室に呼んで遅れ気味の学習を教えたりすることがあります。これは「個別指導」という手段です。

しかし、一人の子どもが成長していくためには集団の力が必要です。人は、社会という集団の中で自分自身を磨きつつ、社会の一員として社会に貢献できる力を身に付け、自己実現を図っていきます。学校は、子どもたちに集団生活を通してそうしたことを体験させていく場であることは前述した通りです。学校では、集団の中でどう過ごしていくか、人とどう関わっていけばよいか、その在り方や方法を実践的に学ばせています。子どもは集団の中で成長していきます。集団は子どもを育てる指導の手段として欠かせることはできません。つまり、子どもを集団の力によって成長させる手段が「集団指導」です。

学校での指導目標は「個人を育てる。」ことであると考えています。個人を育てるという目標を達成するための手段として、個別に指導する「個別指導」という方法もあれば、集団の力を活用する「集団指導」という方法もあります。目標と手段という関係で言えば、「個人の成長を目指す。」のは目標で、「集団の向上を目指す。」のは手段です。「個人」を成長させるための「集団」であることが理想です。「集団の向上」が「個人の成長」を犠牲にするということはありえません。

合唱コンクールが近づき放課後の練習にも日に日に気合が入ってきたころのことでした。ある学級では下を向いたままで歌おうとしない男子生徒がいて、これでは優勝は狙えないと学級担任もほかの生徒も困っていました。彼には歌いたくない理由がありました。歌うと音程がはずれてしまい、過去に笑われてしまった嫌な経験があるからで、音楽の授業も合唱コンクールも大嫌いでした。学級担任はそのことを知って彼の苦しい思いを心から理解しました。学級からは、歌わなくてもよいから前を向いて口を動かすのはどうかという提案がありました。でも、そうすることは彼にとって屈辱でしかなく、当日は風邪を引いたということにして欠席することも考えました。

ところが数日後、放課後の練習を終えて職員室に戻ってきた学級担任が「もう優勝は無理かな。彼が歌うようになったの。隣りの子がつられちゃうの。でも、一人残らず全員で歌えることになった。私の学級としては、最高です。」と嬉しそうに語りました。学級担任はこれまで、彼に対しても彼以外の生徒に対しても自分の思いを伝え様々な取組みをしてきたのだろうと思います。コンクールの当日、その学級が歌う様子を、担任は感動の涙を流しながら見ていました。

合唱が大嫌いな彼は、どうして歌うことができたのでしょうか。学級担任や学級の仲間とどんな関わり合いがあったのでしょうか。彼の心の中にどんな変化が生じたのでしょうか。いずれにしても、彼は合唱コンクールへの取り組みを通して大きく成長したのではないかと思います。その成長は、集団の中で、集団の力によってもたらされたのです。

3　あせらない　あきらめない　あなどらない

子どもは、誕生したばかりのときはただ母親にすがるしかなかったのに、やがてハイハイができるようになり、母乳に加えて離乳食を口にし、つかまり立ちもできるようになります。このように、母親をはじめとする家族の愛情を受けながら3歳ごろになるまでの成長の過程は劇的です。「這えば立て、立てば歩めの親心」と表される愛情を一心に注がれ、人生の中で最も輝いている時期と言ってもよいのかも知れません。その後も頭脳が発達し体力が向上するにつれて様々なことができるようになり、一人前の成人に向かって成長していきます。

しかし、子どもが突然大人になるということはなく、成長・発達には、時間がかかります。中学生という3年間をみても、入学したころの1年生と卒業を迎えた3年生とでは同一人物とは思えないような変貌ぶりです。それは3年間の随所で見せた小さな変化の積み重ねの結果なのですが、その変化は、身長や体重などの身体的なものだけでなく、精神面の成長に関しても著しいものがあります。

こうした時期の子どもの指導に当たって心掛けておくことは、「焦らない」こと、「諦めない」こと、「侮らない」ことの三つです。

まず、子どもの指導に際して心掛けることは、「焦らない」ということです。

子どもが成長していくときも、望ましい態度や行動の変容を期待するときも、瞬時に変わるわけではなく時間が必要だということを忘れてはならないと思います。焦って指導しても効果はあまりありません。特に、今まで心配がなかった子どもが問題行動を起こしたと知ったときは驚き、心の中は穏やかではなくなります。何度指導しても改まらないときは指導力の無さを嘆きたくなります。こんなときは、心を落ち着かせ平静さを保つように努めることが必要です。慌てたり焦ったりしないことだと思います。

ある幼児が朝顔の苗を育てていたとき、もっと大きくしたいと思って毎日その苗を少し持ち上げていたそうですが、引っ張り過ぎて枯れてしまったという悲しい話を聞いたことがあります。先ほど「這えば立て、立てば歩めの親心」と表される親の愛情を紹介しましたが、子育ての際にも、朝顔の苗を育てていた幼児と同じような結果にならないよう気を付けなくてはなりません。「焦らない」と心掛けることが大切です。

中学2年生を担任していて迎えた2学期の始業式、ある生徒が髪を染め制服のボタンを外すなどふてぶてしい態度で登校してきました。夏休みを迎える前まではそうした雰囲気を感じさせることはない生徒でしたので、その変貌ぶりに驚きました。慌てて染髪を咎め服装や態度の指導をしましたが効果はありませんでした。その後も服装や生活が改善されることもなかったので指導の回数も増え人間関係も悪化していってしまいました。

それは、教師になって数年が経ったころのことで、問題行動の指導にも自信を持ち始めていた私は、鼻っ柱を折られたようなショックを感じました。しかも、彼の言動が思うように改まらないので、指導に焦りを感じていました。あのとき、焦ることなく、もっとじっくりと、あるいはゆったりと関わっていたら、結果は変わっていただろうにと心から反省しました。

次に心掛けることは、「諦めない」ということです。

ある子どもが間違いを起こして注意をされたのに、また同じことをしてしまったとします。再度指導されて改めたとしても、すぐに同じことをしてしまったとします。そのときは、また指導すればよいと思います。しかし、三度も四度も重ねて指導しているうちに、何の効果もないと指導を諦めてしまう気持ちになってしまうかも知れません。

ある中学校で、上履きの踵を踏んだまま履いている生徒を見つけたら注意して直させるという指導に取り組んでいました。上履きは一度踵を踏んでしまうと型が崩れてしまい、手を使わなければ足の踵を入れることができなくなります。ただでさえ面倒なことを嫌う中学生ですから、注意をしなければ改まりません。ある日、上履きの踵をつぶすように履いている生徒を見つけたので注意して直させました。しかし、この生徒は、一昨日も指導され、昨日は一日に何度も注意を受けていました。同じ指導が続くとかなりイライラしてきます。次は怒りが爆発してしまうかも知れません。

こうした場合でも、その場面に出合う度に穏やかな口調で「踵を踏んでるよ。危ないからちゃんと履こう。」と声を掛ければよいと思います。何度続いても「さっきも注意したばかりじゃないか!」などと腹を立てず、同じように声を掛け、ちゃんと履けるようになるまで言い続けることです。我慢比べということになるかも知れません。腹が立つ気持ちを抑えるためにも、あらかじめ「諦めないぞ。」と呪文を唱えるように自分に言い聞かせておくことが必要かも知れません。


あれは、卒業式の前日のことだったと思います。夕刻になって、私を含む数人の教師は職員室でお茶を飲みながら卒業生のこれまでのことを思い起こしていました。そこへ突然、職員室のドアを開けて卒業生の一人が入ってきました。

彼は、これまで何度も問題行動を起こし、その度に、反抗的な態度をとる彼に対する指導に苦労してきました。高校受験のときは家出中で、入試の前日は我が家に顔を出し、試験を受けたいと言ってきました。受験票も制服も自宅に置きっ放しだけれど家には帰れないと言うので、私は彼の家に行って母親に事情を話し、受験票と制服を受け取ってきました。我が家で勉強をさせて、翌朝我が家から送り出しました。

ここまで世話をしたのでは、わがままな彼をさらに助長することになるかも知れないと思いましたが、助けを求めてきた彼に、私は応じるしかありませんでした。このように、彼に対する対応や指導が続いても一向に言動を改めようとしない彼をみて、指導を諦めかけていた教師もいました。それだけに、明日の卒業式にどんな態度で臨むのか多くの教師が心配をしていました。

職員室に入ってきた彼はいつもよりも陽気で、しかも、もしかしたら酒を飲んできたのではないかと思わせるような態度でした。これから何をするつもりなのか、私たちは身構えました。ところが、彼はこう言いだしたのです。「先生たちってさあ。何で俺みたいなヤツの面倒をみてくれるの。」と。それを聞いた私たちは唖然としました。「俺なんか、とっくに警察とか施設とかに送られてるよね。」とシンミリとした雰囲気で言いました。私がいつもと違う彼に「どうしたの。今日は少し酔ってるんじゃないの。」と声を掛けると、「先生たちって、すごいな。いっぱい苦労をかけちゃったけど、俺を見捨てないでくれた。ありがたいと思っている。」と語りました。ありがたいという気持ちがあるなら、日ごろから私たちに苦労を掛けないでほしかったと言いたい気持ちを抑えながら、彼のことを諦めずに指導してきてよかったと心の底から思いました。どんな生徒に対しても、「諦めない」で指導を続けていくしかないのです。

指導の際の心掛けとして「焦らない」ことと「諦めない」ことを取り上げました。「あ」が続いたので、もう一つ「あ」で始まる言葉を加えました。それが「侮らず」です。

子どもを、「まだ子どもだから」と甘くみたり軽くとらえたりしたために、指導が空回りしてしまう事例を多く見てきました。子どもは、知能や体力において大人に敵わないところがありますが、感性をはじめ人間的な面では決して劣っているわけではなく、教師をはじめ大人の言動を鋭く見抜く力に優れているように思います。子どもに対する指導に当たって「侮らず」という心掛けも忘れてならないと思います。

三つの「あ」を心の中で呟きながら指導に当たっていくことをお勧めします。「焦らない」「諦めない」「侮らない」、いずれも「あ」で始まる言葉です。

「焦らず」「諦めず」「侮らず」という心掛けは、問題行動などの反社会的行動を改めさせる指導の場合ばかりでなく、不登校など非社会的な行動を改善させる対応をする際にも必要なことです。

4　子育ての良きパートナー

(1)　一番かわいいのは我が子

保護者は我が子のことをどのように思っているのでしょうか。教師は、そのことをよく理解した上で保護者と接することが大切です。

まず、保護者は、「我が子が一番可愛い。」と思っています。我が子を一番愛しています。ほかの子を我が子と同じように愛しているわけではありません。教師はこのことを忘れてはならないと思います。

リーダー的な存在で学級をまとめてくれるような子どもがいると、教師は、そうした子どもに対する評価は高くなり頼りにします。一方、問題行動を起こしたり教師に反抗的だったりする子どもが欠席と分かると、ホッとするような感情が湧いてきてしまうことがあります。このように、子どもによって異なる、こうした思いが心の中に潜んでいると、保護者に会うときの態度が微妙に変わってしまうこともあり得ます。十分に気を付ける必要があります。教師にしてみれば扱いにくい子どもであっても、保護者は我が子が一番可愛いと思っています。特に、問題行動の多い子どもの保護者と接する際には、このことを強く意識しておく必要があります。

次に、「保護者は、子育ての最高責任者である。」ということを忘れてはなりません。保護者は、子どもが大人になるまで子育てをしていくのに対し、教師はほんの数年間だけです。保護者は子育てから手を引くことはなく、我が子が何歳になっても心配をします。しかし、教師が卒業後も子どものことを心配し続けるという事例は少ないと思います。子育ての最高責任者は教師ではなく保護者なのです。

ところが、子どもの指導に自信を持っている教師ほど、保護者が子育ての最高責任者であることを忘れてしまう傾向にあります。保護者が頼りなく子育てが不十分と思える場合は、保護者に代わってきちんと指導しようと頑張ってしまいがちです。

少なくとも、保護者と教師は「子育てという観点からは対等な関係にある。」ということを意識する必要があると思います。教師は、保護者に対して子育ての不十分さを指摘して改善を求めようとするのではなく、子どもをどう育てていったらよいか、どう導いていったらよいかという観点に立って保護者との出会いの場に臨むべきです。対等な関係であることを忘れてしまうと、保護者による教育（しつけ）の不十分さを責めるようなことをしまい、強い防御姿勢を作らせてしまうことにもなります。

保護者と教師の間に子どもを置き、保護者と教師は「子育ての良きパートナー」という意識をもって話し合ったり協力し合ったりして子育て（教育）に取り組めるようにしたいものです。

子どもの問題行動の背景等に関する情報は、保護者の方が多くもっていますので、保護者の思い（本音、悩み）を含め保護者から聞き出すようにします。もし、意見・提案・心配ごとなどを言いたくなってきたときは、教師としての立場から、あるいは子育ての経験者として、語ってみるのもよいと思います。ただし、押し付けにならないように、特に上から目線と思われることのないように配慮することが大切です。

一般の対人関係についても言えることですが、教師との人間関係あるいは信頼関係が深まれば深まるほど、保護者は教師の話に耳を傾けたり多くを語ってくれたりするようになります。

では、いかにしたら人間関係（信頼関係）を深めていくことができるでしょうか。信頼関係を築くためには、「授業がうまい。」とか「親身になって子どものことを考えてくれている。」など、評価に値する教育実践を重ねた上で、そうしたことが伝えられるよう「面談」「公開授業」「○○だより」など理解し合う機会を多く作ることが必要です。また、日ごろから「接客」や「電話の応対」に注意を払い、保護者や来校者に対して誠実で丁寧な対応が自然にできるようにしておくことも大事です。間違っても「先生は、世の中の常識を知らない。」などと批判されないようにしたいものです。

（2）保護者と会うときは

来校してくる保護者と会う際には、細かい点まで配慮して出迎えるようにしましょう。特に苦情や訴えなどを受ける可能性がある場合は、会う場所はどこにするか、その部屋の中で座る位置をどのようにしたらよいかなどについて考えておく必要があります。夜であれば、校門から玄関（昇降口）までを明るくしておきます。部屋の中で待つのではなく、玄関（昇降口）で迎えます。軟らかい表情で「お待ちしておりました。」「ありがとうございます。」などの挨拶をします。また、必ず複数で会うようにし、主に話を聞く人、記録する人、表情や反応に注目する人などの役割分担をしておいた方がよいと思います。学年主任や生活指導主任、また管理職がどのように関わっていけばよいか、あらかじめ決めておきます。

子どもに関わる事故などの出来事が起きたときは、その対応によっては保護者との間でトラブルに発展してしまうことがあります。特に保護者への連絡については細心の注意が必要です。

子ども同士のけんかによって怪我をさせてしまったというような場合は、まず、保護者には、可能な限り速やかに事実を正しく伝えます。詳細まで分かっていない場合は、まだ概要であることを伝え、私情や憶測は極力交えないようにして連絡することが大切です。対応したことがあれば、その内容を丁寧に伝えます。

とにかく連絡は密に行うことです。保護者は、今どうなっているのかを知りたがっているからです。学校側の対応のミスとしてよくあることは、前回知らせたことに加えるような新たな内容がないので連絡しなかったというような場合です。怪我をさせてしまったということより、連絡が不十分で誠実さが感じられないということの方が、保護者との関係をこじらせてしまうようです。現在までに対応したことだけでなく、これから対応しようと考えていることなどを、その事故が解決する・しないにかかわらず逐次伝えることがコツだと思います。

計画的に行われる保護者との面談、あるいは子どもを含めた三者面談に際しては、どのようなことに配慮すればよいでしょうか。そのポイントを何点かあげてみます。

【話しやすい雰囲気を意図的につくる】

場所をどこにするか、教室内であれば、廊下側か窓側か、前の方か中央か考えます。座席（机）の配置にも配慮します。向きや距離、角度などについて工夫することも必要です。最初に発する言葉（挨拶）が雰囲気を決めてしまうこともありますので、あらかじめ考えておきます。

【しゃべり過ぎないように気を付ける】

言いたいことがあっても、相手の話を聞いてからにします。相手が、どんなことを思い、どんなことを考えているのかについて知る努力をします。「考え」の背景にある「思い（感情）」を把握するようにします。仮に、学校や教職員に対する批判であっても、我慢して（腹を立てないで）真剣に聞きます。

【無理に話をまとめようとしない】

せっかく面談の機会が設定されたので、この際一定の結論を得たいと思うのは当然のことです。しかし、短い時間の中でそれを求めるには無理があります。それよりも、「また、この続きは近いうちにお会いして話しましょう。」などという形で終わりにし、これからも話ができるような関係が築かれることを目指した方がよいと思います。

【子どもを追い込まないようにする】

子どもを含めた三者による面談の際には、保護者と教師が一緒になって子どもを追い込んでしまいがちになりますので注意を要します。教師は、保護者と子どもの間の通訳的な役割を担うことも必要です。保護者が子どもの良いところを話せるように工夫することが大事です。

【保護者と教師は「子育ての良きパートナー」】

子育てという視点からは協力関係にあることを自覚し、保護者と教師、家庭と学校は、「子育ての良きパートナー」という関係にあることを伝え、保護者から子育てのヒントをもらうという姿勢で臨むようにします。

【話の内容を忘れないようにする】

話の内容を聞き流さないために記録する必要がありますが、目を合わせて会話することを忘れてはなりません。メモばかりしているのはよくありません。面談「中」に記録した方がよいか、面談「後」に記録した方がよいか、判断することが大切です。一方、保護者が強く伝えたいと思っていることは、しっかりと記録します。また、話の内容をほかの人に秘密にしておくべきかどうか、その判断をしなければならないこともあります。その際は、保護者や子どもの思いを確かめることが必要です。

5　悩める子どもを救う

(1) 課題を抱えた子どもにこそ

教師は、全ての子どもたちが豊かな心を育み健全に成長していくことを願いながら、様々な教育活動を行っています。その子どもたちはそれぞれの家庭環境で育ち、個性的な姿を見せながら学校生活を送っていますので、教師は、どの子にも気配りをして、個々の子どもの個性に応じたきめ細かな関わりをしていくことが大切です。

ところで、子どもたちの中には、これまで特別な心配ごともなく成長してきた者もいる一方、問題を抱えた家庭の中で辛い体験をしてきた者や、厳しい課題を突き付けられて苦しんでいる者もいます。こうした難しい課題を抱えて困っている子どもに対し、教師はどのように関わっていけばよいのでしょうか。

ある日の授業中のことでした。その学級には気になっている生徒が一人いました。彼は、日ごろから、席には着いているものの教科書を机上に置くだけで授業に取り組む様子が感じられませんでした。この日も、一番後ろの席に座っていた彼は、いつものようにやる気のない態度を見せていました。

授業の開始にあたり、まず復習問題を印刷したプリントを配りました。ところが、彼は、前の席の生徒からプリントを受け取るや否や、くしゃくしゃに丸めて床に投げ捨てました。その様子を見て、私は彼の席に近づき、何も言わずに同じプリントを置きました。彼は私が離れるとまたそのプリントを捨てました。私はそのプリントを拾い、小さな声で「やってみようよ。」と言って置きましたが、彼はすぐに投げ捨てました。

そうしたやり取りを何度か繰り返していたところ、彼はいきなり「うるせえ！」と怒鳴って席を立ち、走るようにして教室を出ていってしまいました。

このとき私は、授業は中断して彼を追いかけようと思いましたが、一瞬迷いました。それは、先輩教師から「生徒の学習権を保障しなくてはいけない。」と言われたことが頭を過ぎり、彼のことは職員室にいる教師にお願いしてこのまま授業を続けるべきかも知れないとも考えたからです。

でも、私は彼を追いかけていくことを選びました。突然教室を飛び出していった彼に驚いていた生徒たちに「静かに自習しててね。」と叫んで、私は彼の後を追って教室を出ていきました。下駄箱に彼の靴がないので校舎の外を探していたところ、裏門の近くで彼を見つけました。「教室に戻りなさい。」と言うと「うるせえ。俺は帰る。」と言い返してきました。「帰っては駄目だ。教室に戻って勉強しなさい。」と言う私に対し、彼は語気を強めて「うるせえ。帰る。」と叫びました。何度か言い合っているうちに、彼は我慢できなくなり、いきなり「やる気か。タイマンやろうじゃないか。」と拳を突き出すポーズをして私にすごんできました。彼はかなり興奮していましたが、私は冷静でした。「私はやらないよ。タイマンを張ったら、私は病院のベッドの上だろうし、君は警察に捕まっているだろうし、お互いに良いことはないから。」と言い返しました。

しばらくして、彼は怒りが鎮まってきたからなのか、昇降口に向かって歩き出し教室に戻りました。私は席に着いた彼に安堵し、その後は静かに授業を進めました。

彼は、私が教室に出向いたとき、どんな気持ちでいたのでしょうか。プリントを何度も渡してくる私にどんな感情を抱いたのでしょうか。教室を飛び出していったときはどんな思いだったのでしょうか。私が後から追いかけてくることを予想していたでしょうか。私にタイマンを挑んできたのは本気だったのでしょうか。何を思って教室に戻ろうとしたのでしょうか。私との根比べに負けたからでしょうか。いずれも、その答えは彼に聞いてはいないので想像してみるしかありません。

彼は、日ごろから授業にも行事などにも熱心に取り組む様子はなく、問題行動を起こしてはその度に厳しく注意を受けていました。なぜそのような態度や行動に走るのか、よく分かりませんでした。でも、彼は、家庭の問題なのか、学校で何かが起きているのか、深刻な心配ごとがあるのか、いずれにしても何らかの課題を抱えていたであろうことは容易に想像できました。

そうした彼だからこそ、授業を自習にしてでも、教室を出て追いかけていくことを選びました。彼を見捨ててはいけないと思いました。もし、授業を続け、彼を追い掛けることをしなかったら、彼は、そのことをどう思ったことでしょうか。

かつて、ある先輩教師から「全ての生徒に平等に接すべきである。」と言われたことがありましたが、私は少し疑問を感じました。教師は、勉強ができなかったり、問題行動を重ねて叱られたり、悩みを抱えて苦しんでいたり、そうした「課題を抱えている子どもにこそ、手を掛けていかなければならない。」と考えていたからです。あまり気に掛けなくても順調に育っていく子どもはそっと見守っているだけで十分だと思っていました。

(2) 子どもに関わるのは「趣味」

課題を抱えている子どもにこそ深く関わっていかなければならないと考えるようになったのは、少なからず「悪人正機説」という考え方に影響を受けていたからかも知れません。「悪人正機説」は、高校の「倫理・社会」の授業ではじめて知りました。当時は、その意味がよく分からず、ちょっと変わった考え方だなという程度にしか理解できなかったのですが、なぜか印象深く心に響き記憶に残りました。

「悪人正機説」は、親鸞が説いたとされる浄土真宗の教義の中でも重要な思想です。親鸞が著した「歎異抄」の中の一説に「善人なおもって往生を遂ぐ、いわんや悪人をや。」と示されています。どういう人が善人なのか、あるいは悪人なのか、よく分かっていませんでしたが、私は、「善人でさえ仏に助けてもらえるのなら、悪人なら、なおさら助けてもらえるはずだ。」という意味であろうと漠然と解釈していました。

そして、仏を教師に、善人や悪人を子どもに置き換えてみました。善人はあまり心配のない子ども、悪人は様々な課題を抱えて苦しんでいる子どもと考えて、悪人正機説に当てはめて考えてみました。すると、「心配のない子どもでも教師に助けてもらえるなら、課題を抱えて苦しんでいる子どもなら、なおさら助けてもらえるはずだ。」ということになりました。つまり、「課題を抱えている子どもにこそ、教師は手を掛けなければならない。」ということです。

かつて、新潟県にある教育大学の大学院で研修する機会を得た折りに「親鸞と歎異抄」という講座を受講したことがありました。何回か受講しているうちに、親鸞や歎異抄のことよりも、講座を担当していた教授の思いが込められた語り口に心を揺さぶられ、特に「慈悲」に関して語ってくれた内容は心に残りました。

「『慈悲』とは、今の言葉で表せば『愛』だ。その『慈悲』には『大・中・小』の3段階がある。『小慈悲』は、子ども、親、恋人など、特定の者だけに対する愛である。『中慈悲』は、誰に対しても注がれる愛ではあるが、救ってくれる神仏を信じる者であればという条件が入ってくる。誰でも救うけれど、救ってほしいと願うならばという条件付きである。

『大慈悲』は、何の条件もなく全ての者を救う愛である。それは、救ってほしいと求められたからではなく、救わなければならないという義務感からでもない。救いたいから救うのであり、救われる者に恩義を売ることもなく、ただひたすら救う愛である。義務や恩義があって救うのではなく、そうすることが趣味であるかのように救うのである。救いたいから救っているのであるから、道楽や遊びのようなものである。もちろん、仏の愛は『大慈悲』である。」

この話を聞いたとき、胸をガーンと突き飛ばされたような気持ちになりました。私の指導観や教育観を否定されたのではないかとさえ感じたからです。私は、これまで、どちらかと言えば手が掛かる生徒や問題行動に走りがちな生徒に多くのエネルギーを注いできました。課題を抱えた生徒にこそ教師は手を差し伸べるべきであるという信念があったからです。そのため、何度でも指導を繰り返し、行動の変化が見られなかったときは、「なぜ分からないんだ。」とさらに強く迫ったこともありました。とにかく、その生徒を何とかしようとして情熱を注いできました。

でも、教授が語る「大慈悲」の話を聞いて、大きな間違いを起こしていることに気づきました。私が、その生徒の問題となる言動を何とかしようとして関わるのは、教師して当然の行いですが、おそらく、その生徒に向かうときの私の姿勢には「～しなければならない。」とか「～してあげる。」というような、義務感や恩着せがましさのようなものが働いていたと思います。これでは、指導という名のもとに私がしていることは、一方的であり、指導されることを求めていない生徒から反感を持たれても当然のことであっただろうということに気づきました。

教授が解説する仏の「大慈悲」のとおり、「救うことが好きだから人を救う。」「救うことが趣味や道楽のようなものである。」という思いから、そうした生徒に接していったらどうなったのでしょうか。「君は嫌かもしれないけれど、私は君のことに関わりたいんだ。」「是非関わらせてほしい。」「関わらせてくれたら嬉しいな。」という願いを抱きながら接することができたら、二人の関係はもっと温かいものになり、問題行動の改善も果たされたのではないかと強く反省しました。

教師はもちろん仏にはなれませんが、「大慈悲」の精神は、心のどこかに留めておいてもよいのではないかと思います。教師だから子どもの言動について指導しなければならないなどと特別に意識することなく、趣味で関わる、あるいは道楽で教育活動に取り組めたら、子どもも教師もどんなにか楽な気持ちで充実した時間を過ごすことができるのではないでしょうか。それは、教師ではあるけれど、ことさら教師であることを見せつける必要はないということなのかも知れません。

あるカウンセラーもそうしたことを著書の中で述べていました。私が目指していた教師の姿は、このようなことだったのかも知れません。

「リーダーが、最高のリーダーであるときは、人々が彼の存在にかすかに気づいているときだ。人々が彼に従い、彼をほめそやしているときは、それほど良くないリーダーだ。人々が彼を卑しむときは、最悪のリーダーだ。良いリーダーは、言葉少なで、その仕事が遂行され、その目的が達成されたとき、人々が口々に言う。『我々がこれを自分たちで成し遂げた』と。」

私は、生徒から「僕たちのクラスは、担任が素晴らしいから良いクラスになった。」などと評価されることを望んでいたかも知れません。「悪いことばかりするあいつらは、どうしようもない。」などと生徒のことを悪く思い、自分の指導が至らなかったなどとは思わなかったかも知れません。運動会や合唱コンクールで優勝したとき、学級を一つにまとめた担任である自分の指導力を密かに自慢げに思ったこともありました。いずれも、今思い起こしてみると、恥ずかしくてたまりません。

教授が語った仏の「大慈悲」のような思いをもって生徒に接し、カウンセラーが語ったような「良いリーダー」にもっと近づきたかったと後悔しています。

第三章　子どもの心をゆり動かす

指導は「形」から入るべきか、「心」から入るべきか、どちらが正しいでしょうか。「形」を整えることによって、すなわち、望ましい態度や行動をきちんと取れるようにすることによって、その結果、望ましい「心」が育っていくのかも知れません。しかし、「心」が育っていないと、望ましい行動をとるという「形」に表れないかも知れません。「形」でしょうか。「心」でしょうか。「心は形を勧め、形は心を作る。」という言葉を聞いたことがありますが、「心」と「形」は、どのような関係にあるのでしょうか。

私は「心」が「形」になって表れると考えています。「心」を育てることが大切だと思っています。「形」だけにこだわっていたのでは、指導は完成しないと考えています。教師は、子どもの「心」に迫り「心を揺り動かす」指導力を身に付ける必要があります。

もちろん、「形」から入った指導の方が効果的である場合もあるかも知れません。「形」を整えることから入る指導を否定しているわけではありません。

1　いかに叱るか　いかに褒めるか

教師は、子どもを叱ることもあれば褒めることもあります。悪いことをしたら叱ります。良いことをしたら褒めます。しかし、叱れば必ず悪い行為が止まり、褒めれば必ずその行為が強化されるというわけではありません。

同僚教師が叱っている場面に接し、何ら効果があがっていなかったり、叱ることで反抗的になり逆効果になってしまったりしているところを見たことがあります。私も間違った叱り方をしてしまったために悲しい表情を見せられて不安になり、翌日にその生徒に会うのが怖くなってしまったという経験をしたことがありました。褒めれば誰もが喜ぶと思いきや、褒められようと思ってしていたわけではないと反感を買い、人間関係を悪化させてしまったこともありました。

ただ叱ればよい、ただ褒めればよい、というものではありません。では、どのように叱ったらよいのでしょうか。どのように褒めたらよいのでしょうか。

実は、どのようにして叱るかということよりも、叱るときの態度あるいはそのときの思いの方が大切なのです。褒める場合も同じです。叱るときの気持ちやその子どもに伝えたい思いがどんなものであったのか、そうしたことの方が、叱り方よりもずっと大事です。大切なことは、叱る技術より叱るときの態度です。褒める技術よりも褒める際の思いです。

（1）腹を立てないで

同僚教師が興奮し声を荒げて子どもを叱っているのを見たことがあります。叱っているというより怒っています。叱られている子どもは、教師の激しい態度に圧倒され、恐怖心を抱いたり困惑したりしています。叱っている教師は、子どもが素直に反省する態度を見せないので、ますます激高していきます。そのため、子どもは、叱られることになった行為のことを反省する余裕はなくなってしまいました。

腹を立てないで、きちんと叱りましょう。冷静さを失わないで叱るということです。叱りたくなったとき、自身の心の中がどれほど動揺しているか、それとも平静さを保つことができているか、そのことを見極める余裕を持ちたいものです。

腹が立つのは、教師が子どもをどんな存在と考えているか、その考え方にも関係しているように思います。言うことを聞かない子どもに対して腹が立つのは、「子どもは教師の言うことを聞くものだ。聞かなければならないのだ。」と考えているからです。子どもは、必ず教師の言うことを聞くわけではありません。「教師の言うことは絶対だ。」などと思い込んでいる教師もいましたが、とんでもない思い違いです。

子どもは、納得がいかないことには、たとえ教師が言ったことでも認めたくないのです。日ごろから自分のことを信用してくれないと思っていた教師なら、なおさら言うことを聞きません。

そもそも子どもは、自分がしてしまった悪い行為を素直に認めることもでき、自分から改めようとすることもできます。子どもも、自分の行動をコントロールできる力、いわゆる自己指導力をもっています。子どもにも自己指導力があることを信じている教師なら、それを引き出すように努めながら叱るはずです。腹を立てることはあり得ません。

（2）罪を憎んで人を憎まず

ある子どもが「そんなことをするなんて、悪い子！」と怒鳴られていました。どんな悪いことをしたのか、その行為の具体的なことはあまり触れられず、ただ「悪い子！」と叱られていました。「悪い行為をしたのは子どもが悪い子だからだ。」と言わんばかりに叱られていました。子どもは下を向いてじっと我慢をしているように見えました。

このように、子どもが行った悪い行為のことを叱るのではなく、頭ごなしに「悪い子だ。」と叱っている場面を何度か見てきましたが、私はその度に不快感を覚えました。子どもの全てが悪いように言われ、時には子どもの人格を否定するような罵声が浴びせられていました。叱られている子どもも自分は悪い子と思わせられ、叱られる原因となった行為のことは忘れてしまっているようでした。何を求めて叱ったのか、どんな行為を改めさせようとして叱ったのか、本来の意図が分からなくなっているようにも見えました。

こうした叱り方は避けなくてはなりません。なぜ叱るかと言えば、それは、その行為を改めさせるためです。行為を咎めるよりも人格を否定するような叱り方をされて、子どもは素直に反省の思いを抱くはずはありません。怒りを募らせるばかりかも知れません。自分の存在を否定的に考えてしまうかも知れません。

「罪を憎んで、人を憎まず。」という言葉があります。子どもに当てはめて考えてみますと、「悪いことをしてしまう子どもはいるかも知れないが、悪い子どもはいない。」という意味になります。悪い行為は、きちんと咎めてそれを正すように指導すればよいのです。反省を促し、今後の行動が改まることを期待すればよいと思います。仮に、再び同じ悪い行為をしてしまったとしたら、指導を重ねていけばよいと思います。同じことを繰り返したからといって「悪い子」という烙印を押すことは避けなければならないと思います。真剣に、あるいは熱心に指導を続ければ、いつかは望ましい行動ができるようになります。そう信じて子どもを指導することが大事です。

かつて指導主事として教育委員会に勤めていたとき、部下を叱る上司を見て嫌な思いをしたことがありました。その上司はとても優秀な方で、私はその点では尊敬もしていましたが、部下を叱っているときの上司に対しては、強い嫌悪感を抱きました。

あるとき、部下の一人が作成した資料をその上司に見せたところ、「何だ、これは。文章になってないじゃないか。」と大声で怒鳴られました。部下とはいえ一人前の大人です。しかも、一緒に仕事をしている他の部下も威圧してしまうほどの大声です。怒鳴られた本人は恥ずかしかったり自信を失ったりしてしまったことでしょう。

私は、この場面に居合わせて、教師が子どもをこのように叱っている場面を思い出しました。叱られた子どもは恐怖を覚え、しばらくしてからはその教師を憎むようになっていました。上司が部下に言いたかったことは間違いのないことですが、このような叱られ方をすると指導されたことを素直に受け止められなくなり、恐怖と憎悪が残ってしまいます。

実は私もこの上司に怒鳴られたことがありました。上司は、私が作成した資料に目を通し、まずい点を指摘してくれました。その指摘は当を得ていましたので十分に納得することができました。しかし、上司は、指摘した直後、「真面目にやってるのか。本気でやってるのか。」と怒鳴ってきました。こう言われ、悔しさに続き激しい怒りが湧き上がってきました。作成した資料の拙さや間違いを指摘され指導されることはとても有難いことだと思いましたが、一生懸命取り組んできたことを何ら認めてくれず頭から否定されたのでは、怒りとともにやる気さえ失せてしまいそうになりました。

改めて、子どもを叱るときは「行為を叱る。人格を否定するような言い方をしてはならない。」と心に誓いました。

悪いことをするのは子どもが悪いからだと考えるのは間違いです。悪い子どもだから悪いことをするのではありません。

「悪いことをする子どもはいる。」かも知れませんが、「悪い子どもはいない。」のです。

「罪を憎んで、人を憎まず。」です。

（3）気持ちを理解して

子どもは判断力も自制心も弱いため、悪いことをしてしまうことがあります。でも、何の理由もなくしてしまうのではなく、なぜそのような行為をしてしまったのか、子どもなりの考えや動機があるものです。もし、その思いを理解してもらえれば、子どもは、叱られていることを素直に受け止め反省の心が湧いてきます。

子どもがしてしまった悪い行為のことをすぐに叱るのではなく、理由や動機を「理解してから叱る」ようにしましょう。

そのときの状況によってはすぐに叱らなければならないこともあるかも知れません。その場合でも、ただ叱るのではなく「理解しながら叱る」ことが大事です。

集団で万引きをした生徒たちの指導をしたことがありました。その中の一人に、なぜ万引きをしたのか尋ねました。彼は、万引きが悪いことであることは分かっているようでした。でも、万引きをした理由について、はじめは何も答えませんでした。しばらくして、リーダー格の生徒に命じられたがそれを断れなかったと呟くように言いました。彼は、リーダーの命令に従わないと何をされるのか分からないということが怖くて、悪いことと知りつつも万引きをしたのでした。万引きをしたわけを知り、リーダー格の生徒のことを怖がっている彼に「今後、万引きをやってはいけない。」と強く叱っただけでは、真の指導にはならないと思いました。

そこで、彼に万引き行為を二度とさせないためには、彼をリーダーから引き離してその恐怖から解放しなければならないと考えました。ところが、彼は万引きした仲間から引き離されることを嫌いました。なぜなら、リーダーを含むその集団は、彼が人間関係を結べる唯一の場であり、ほかには居場所がなかったからです。もし集団から引き離されたら、彼は一人になってしまい、万引きを責められるよりもっと辛い状態になってしまうのです。

彼の思いを受け止め、集団から引き離すという指導方針は止めることにしました。リーダー格の生徒を含む集団の一人一人に対し、丁寧にしかも継続的に指導していくしかないと覚悟を決めました。

悪い行為をしてしまった子どもの思いや立場を理解すればするほど、厳しく叱ることがしにくくなり指導の難しさが生じてきます。もちろん、理由や動機を理解することができたからといって、その行為を許すということではありません。万引きをしてしまった先ほどの彼の場合、怖いリーダーに命令されたからという理由が理解できたとしても、万引きを許してよいというわけではありません。

「気持ちを理解すること」と「行為を認めること」を区別しなければならないことは言うまでもありません。

（4）いつ　どこで　だれが

朝礼が行われる体育館に全校生徒が集まっていったときのことです。待ち構えていた生活指導担当の教師がすでに整列の指示を出していたのですが、それに気づかずおしゃべりをしていた生徒がいました。近くの生徒に注意されておしゃべりを止めたものの、その教師に壇上から名指しされて叱られました。その生徒は、全校生徒の前で叱られたことが悔しくて、その教師に対する反抗心が芽生えてしまい、それ以来、その教師の指導に従わなくなってしまいました。

その生徒は、整列の指示が出ていたことに気づいてからはおしゃべりを止めたのですから、それ以上注意をしなくてもよかったのではないでしょうか。もっときちんと叱っておきたいと思うなら、朝礼後に他の生徒がいないところで、そのことを注意すればそれで済んだはずでした。もし、体育館に入場したときから整列に備えて緊張感をもたせたかったというのであっても、全校生徒の前で名指しして叱ることはなかったと思います。最初の号令で整列できなかったことが気に入らず、見せしめのためにその生徒を名指しし、全校生徒に威厳を示したかったのだとしたら、それは教師としてあるまじき行為です。

子どもをただ叱ればそれで済むというものではありません。叱れば、その行為は必ず改まるというわけではありません。叱る際にはその効果を考えて配慮しなければならないことがいくつもあります。

例えば、どこで叱るか、叱る場所を考えることも大事です。また、誰が叱ったら最も効果が出るかということも考える必要があります。さらに、そのときの状況にもよりますが、必ずしもその場で叱る必要はなく、少し時間を置いた方がよいということもあります。

私が担任していた学級の中に、特別な問題行動はないものの、ボタンを外したりシャツをズボンから出したり服装がだらしない生徒がいました。注意をすれば、その場で素直に直すのですが、1時間も経たないうちにまた同じ注意をしなければなりません。こうしたことが続くと、お互いに気まずくなり関係が悪化しかねません。

そこで、私は数人の同僚教師に、彼のだらしない服装についてさりげなく注意してほしいとお願いしました。こうすることで、彼と私との関係は悪くならず、しかも多くの教師に注意を受けることで彼の服装の問題も少しずつ改善されていきました。誰が注意するか、叱るのは誰か、その場面に応じて最も効果が期待できることを考えることも大事です。

これ以外にも配慮すべきことがあります。例えば、叱る際の言葉にも気を付ける必要があります。言い方によっては、教師が求めていることを正しく受け止めてもらえないこともあるからです。

ある日、標準服を着ずに私服で登校してきた生徒がいました。彼は日ごろから校則違反を重ねていたこともあり、教師から自宅に帰るように指導されました。このとき教師は彼に「その恰好で学校に入れるわけにはいかない。家に帰りなさい。」と言いました。私だったら「その恰好を直して（標準服に着替えて）から学校に来なさい。」と言ったと思います。どちらも、標準服姿で学校生活を送らせたいということでは同じですが、受け止め方が逆になってしまう可能性があります。前者の「家に帰りなさい。」という言い方は、登校を拒否されていると感じてしまったことでしょう。後者の「学校に来なさい。」という言い方は、服装を直しさえすれば登校を受け入れてくれると受け止めるはずです。特に語尾に注意して言葉を掛けることが肝要です。

褒める場合も、叱る場合と同じように配慮することが必要です。

女子バレーボール部の顧問をしていたときのことです。2年生のある部員は、その技量に優れ、将来3年生になったときはチームの中心選手になると期待していました。そこで、ある日の練習中に、部員が全員そろっている前で彼女を高く評価し、数日後に行われる大会に出場する3年生のチームに加えることにしました。ところが、翌日になると、前日までに見せていたような力強いプレーをしなくなってしまいました。

なぜ本来の実力を発揮しなくなってしまったのか、すぐに想像はつきました。彼女は全員の前で顧問の私から褒められたことで、同僚の2年生からも先輩の3年生からも、ひがまれたり羨ましく思われたりしたために、そうした空気に耐えられなかったのでしょう。

それ以来、私はチームメイトの前で褒めることは控えるようにしました。褒めるときは、一人でいるときに「今日は、とても良かったよ。」などと何気なく声を掛けることにしました。

チームメイトが褒められるのを見れば、自分も褒められるようとして頑張るのではないかと考えましたが、実際はそうはいかなかったのです。

私が校長をしていたときに出会った中学3年生の男子生徒は、卒業を迎えるまでの数か月の間、毎日のように朝早く登校して昇降口を掃除してくれました。彼は掃除を終えると一旦歩いて10分ほどの所にある自宅に帰り、改めて友人と登校してきました。掃除をするために朝早く来るのは、ほかの生徒にも先生にも知られたくなかったからです。彼は、掃除をしていることを誰かに認めてもらおうとか、先生に褒めてもらおうなどと考えてはいませんでした。誰かに言われたから昇降口を掃除しているわけではなく、卒業前にお世話になった学校に感謝の思いを表そうと自分一人で考えて始めたことでした。

私は、誰にも気づかれないようにして朝早くから黙々と掃除をしている彼の姿に強く感心させられました。彼の行為を大いに褒め称えたいと思いました。彼の行為を全校生徒の前で紹介したいと思いました。しかし、褒められることを期待する気持ちは微塵もないと思われる彼でしたので、「毎朝きれいに掃除をしてくれてありがとう。」と声を掛けるだけに留めました。

かつて、このことと似たようなことがありました。読書好きの女子生徒がいて、その読書量の多さを称え表彰したことがありました。しかし、表彰した途端、彼女の読書量は激減してしまいました。なぜ本を読まなくなってしまったかと言えば、彼女はそれまでは、ただ「本を読みたい。」という気持ちだけから読んでいたのに、表彰されたことによって純粋に本を読みたいという気持ちに変化が生じてしまったからです。

気づかれないように掃除をしていた彼も、読書好きの彼女のように、もし全校生徒の前で褒め称えたら、きっと掃除をしなくなるのではないかと思い、そうすることは止めました。

でも、このまま、私や一部の教師が知っていたこととして終わらせたくないとも思いました。彼の行為を称賛したい。彼に感謝の気持ちを伝えたい。でも、彼の純粋な気持ちを歪めたくない。そこで、卒業するときなら大丈夫だろうと考え、卒業式の予行が終了した直後に、全校生徒の前で彼の行為を称え手作りの表彰状を贈りました。いつも控えめな彼も、このときは嬉しそうにして私の思いを素直に受け止めてくれました。

褒める場合も、その子どもがどう感じ取るか考えて、褒めるタイミングを見極めることが必要です。

（5）なぜ叱るの

細かいことまで何でも叱らないと気が済まない教師がいて、その教師から逃げ回っていた生徒がいました。彼は、ブツブツと小言が続くよりゴツンと一発叩かれた方がましだと呟いていました。

ただ何でも叱ればよいということではありません。叱る必要がないことまで叱っていることもあります。叱らなければならないことは何かということをよく考えて、できるだけ叱ることを減らし、何でも叱ることがないようにした方がよいと思います。また、少なくとも、そのときの気分で叱ることが増えないように気を付けることが大事です。子どもにしてみれば、怒ってばかりの教師をみているのは気分の悪いことなのです。

私も叱ってばかりいる自分に気づいて嫌気がさしたことがありました。叱る内容を絞ろうと考えて、「迷惑をかける行為」と「危険な行為・健康や命を脅かす行為」は叱ることにし、ほかのことは叱らないことに決めました。しかし、気持ちが穏やかでないときは、叱る範囲が広がってしまいました。そこで、教室の前の壁面に「迷惑をかける行為」「危険な行為」と書いた紙を掲示し、生徒に向けて、このこと以外は叱らないと宣言しました。それ以来、多少は叱ることが減りました。このように、叱ることをあらかじめ決めておくことも一つの方法だと思います。

そもそも教師は、なぜ叱るのでしょうか。それは、子どもが望ましい行動をとることができるようにしたいからです。それならば、その子どもが望ましい行動をとることができるようにするための指導のシナリオを描いておき、それに沿って指導をしていけばよいのです。はじめから叱ることなど考えておく必要はなく、叱らずに済む別の指導方法が考えられるのであれば、その方を選ぶべきです。

私は、イソップ童話の「北風と太陽」から大事なヒントを得ました。この童話は、北風と太陽が自分の方が強いとして旅人のマントを脱がせることで競い合うという話です。「旅人のマントを脱がせること」のために、「北風」で迫るか「太陽」によるか、教育の場面には、これと似たようなことが転がっているように思います。

数人の3年生が学校生活になじめず教師にも反抗的で指導に手を焼いていました。その学校に校長として着任した私は、落ち着いた学校を取り戻すため、彼らをどうするか、連日のように会議を開き対応について検討しました。教育委員会の指導を何度も仰ぎ、彼らが暴れ出したときは警察の力も借りました。他の生徒に不安感や恐怖感を与える彼らを学校に置いておくわけにはいかないのではないかという保護者からの声も聞こえてきました。しかし、半年が過ぎたころには激しい問題行動は減り、やがて一般の生徒と同じとは言えないまでも落ち着いた学校生活を過ごすことができるようになり、無事に卒業の日を迎えることができました。

苦労の多い一年間でしたが、教育委員会の指導主事がこの間を振り返って、「校長先生は（イソップ童話「北風と太陽」の）『太陽』の指導ですね。」と声を掛けてくれたときは、最高の労いの言葉をいただいた思いがしました。

警察の力を借りなければならないほどの激しい問題行動を重ねる生徒たちでしたが、私は、授業には出ず教師の指導に従わない彼らを校長室に迎え入れ、気持ちを落ち着かせたり心の内を理解しようと努めたりしました。生徒によっては、校長室に何回か訪れるうちに私に心を開いてくれるようになりました。反抗したり怒りをぶつけたりしてきた理由も語れるようになりました。彼らには反抗的な言動に走らざるを得ない理由や抑えきれない衝動があることが分かりました。そのことを彼らが語れるようになり、私がそれをいくらかでも理解することができると、彼らも自分自身を振り返ることができるようになり、そうした経過を踏んで、彼らの激しい言動は落ち着いていったように思います。

もし、彼らの閉ざされた心の内を理解できないまま問題行動の一つ一つを咎め厳しく叱ることを続けていたら、彼らはさらに暴れまくって学校に居ることは叶わず、何らかの施設で過ごすことになったはずです。もちろん、感謝の言葉を述べながら卒業していった姿を見ることはできなかったと思います。

教師は、子どもが悪いことをしたら叱ります。でも、その叱り方によっては効果が出ないこともあります。逆効果になって、教師を恨み続けることになってしまうこともあります。

どのように叱ればよいのでしょうか。前述したように、「腹を立てないで叱る。」「行為を叱る。」「気持ちを理解して叱る。」「場面を考えて叱る。」ことが大切です。「何を叱るか、よく考えて叱る。」必要があります。叱る場面はなるべく少ない方がよいと思います。「北風」よりも「太陽」の方が効果があがることも多いと思います。

叱る行為は、教師の思いを子どもに伝える手段の一つです。もし、教師の思いの中に子どもを育てるという視点がなかったら、どのように叱っても、それは教育の名に値しない行為と言わざるを得ません。「なぜ叱るのか」という自問自答を繰り返し、自身の教育観や指導観を見つめ直すきっかけにしたいものです。

2　子どもの心を傷つけないで

教師が発した言葉によって、子どもの心が傷つけられてしまうことがあります。また、何気なく掛けた言葉がその子どもを苦しめているにもかかわらず、教師はそのことに気づいていないということもあります。

私も、ある女子生徒に掛けた言葉によって、長い間苦しめてしまったことがありました。入学したときから背が高かった彼女は、おとなしくて口数も少なく、こちらから声を掛けづらいところがありました。そんな彼女と教室の出入り口のところで並んで立つ場面に出くわし、私はチャンスとばかり「背が高いんだね。」と声を掛けました。彼女は、私よりも背が高いことで優越感のような思いを抱き、この会話をきっかけにして心を開いてくれると考えたからです。

　中学生のころは成長が激しく、１年生のときは小さくても身長がどんどん伸びていく生徒も珍しくありません。１メートル60センチそこそこの私を、生徒はすぐに追い越してしまいます。ある男子生徒は、入学したてのころはチビだったために気持ちまで小さくなっていました。しかし、私の身長を超えるようになると、横に並び、にこにこしながら上から見下ろすようにして「先生、小さいね。」と声を掛けてきました。私は「負けた。」などと言ってそうした彼の喜ぶ姿を楽しんでいました。私よりも背が高くなったことで自信がついてきたようにも感じました。

　私は、この男子生徒のように受け止めてくれると思い、背が高いことを彼女に話し掛けてみたのです。しかし、彼女は表情を少し変えたほどで言葉を交わすことはありませんでした。私は、ちょっとガッカリしましたが、このときのことは、すぐに忘れてしまいました。

ところが、卒業後、彼女から届いた手紙によってそのときの場面を思い浮かべることになりました。その手紙には中学時代の思い出が述べられてあったのですが、私から「背が高い。」と言われて心が傷ついたことも書いてありました。彼女は、当時から背が高いことをとても気にしていたのです。ところが、私はそのことに気づけていませんでした。あの時は、私に何も言わなかったけれど、心を傷つけられたことは何年も忘れられず、手紙の中で勇気を奮って打ち明けたのでした。

「良かれ」と思って口にしたことでも人を傷つけてしまうことがあるのです。しかも、そのことに気づかないこともあるのです。

(1) 子どもの心を傷つける言葉

教師が子どもに掛けた言葉の中には、人権感覚に欠けると言わざるを得ないようなものもあります。どんな言葉が人権感覚に欠け、子どもの心を傷つけてしまうのでしょうか。

まず、子どもを軽蔑したり侮辱したりする言葉です。子どもに辱めを与えてしまうような言葉です。

最も典型的な言い方は「バカ者！」「おまえは何てバカなんだ！」というようなものです。私の周囲にも、日常的にこうした言葉を発していた同僚教師がいましたが、本人は愛着があるからなどと言っていました。その言葉で子どもが傷ついているとは思っていなかったようです。

腹を立てたある教師が「おまえは犬以下だ！」と発し、その言葉がマスコミにも取り上げられ、その教師は厳しく処分されてしまったということもありました。

次に、子どもを脅かすことを意図した言葉です。大げさに言えば、脅迫するような言葉です。

「何々したら、○○するぞ！」「何々しなかったら、○○するぞ！」というような言い方です。こうした言い方は、案外多いかも知れません。○○に入る言葉は、軽い内容のことから正に脅迫に値するものまで様々あります。「何々したら、」「何々しなかったら、」と言わずに、「何々しなさい。」「何々してはいけません。」と直接的に言って指導すれば済むのに、なぜ「何々しなかったら、」と仮定した言い方にして、「○○するぞ！」と繋げたくなるのでしょうか。

続いて、セクシュアル・ハラスメントと指摘されるものです。学校においても、特に女子生徒に対するセクハラ行為が残念ながら発生しています。

問題になった事例を一つあげてみます。体育担当の男性教師が女子生徒に掛けた言葉です。水泳の授業を休もうとしたその女子生徒が休む理由を報告したところ、その教師は「また、生理なの！」と、近くにいた男子生徒にも聞こえるような大きな声で言いました。日ごろから生徒に対して威圧的な態度を示す傾向にあるその教師は、女子生徒に対しても繊細さに欠けるところがあり、こうしたセクハラ発言に及んでしまったのです。

子どもの心に深い傷を負わせる言葉として、子どもの存在を全面否定するような言葉をあげることができます。

特に腹を立てているときは、このようなとんでもない言葉を発してしまうことがあります。「おまえなんか必要ない！」「消えろ！」というような言葉です。教師からこのように言われた子どもは、どうすればよいのでしょう。こんな言葉を浴びせられたら、子どもは、存在そのものが否定されてしまったような気持ちにさせられます。
激しい口調で「死ね！」と言われ、自殺に追い込まれてしまったという悲劇的な事件が起きたこともあるのです。

このほかにも子どもの心を傷つける言葉はあります。もともと差別的な意味を含む言葉を意図的に子どもに掛けたとしたら、それはとんでもないことです。また、差別的な意味が含まれていることを知らないでその言葉を発してしまったという事例もありました。さらに、「あれのこと?」とか「それでしょ!」など、「こそあど」を使って表している内容が差別的なことを指しているとしたら、それも同じことです。差別的な言葉はもちろんですが、言葉が表している内容、言葉に含まれている内容が差別的であれば、同じように問題であるということです。

教師たるもの、心を傷つける言葉を子どもに浴びせるとは言語道断、決して許されるものではありません。自分では、こんなひどい言葉をかけるはずはないと思っていても、うっかり口にしてしまうこともあります。

何としてでも、人権を踏みにじるような言葉を発することがないようにしなければなりません。そのためには、常日頃から人権感覚を磨く努力を続けていくことが必要です。

（2）こんな場面では要注意

人権感覚に欠けるような言葉が発せられやすい場面があります。どんな場面でしょうか。そのことを承知しておけば、子どもの心を傷つけるという過ちをなくすことができるかも知れません。

まず、差別や偏見など、この社会に存在する人権問題について無知である場合です。その言葉が差別を表すことを知らないまま使ってしまうことがありますが、その言葉を発してしまった後になって「知らなかったから」と言い訳をしても許されません。どうしたらそうした言葉を発しないで済むでしょうか。そのためには、人権問題についてしっかりと勉強するしかありません。「無知」が差別的な事態を生むのです。「無知」は人権を踏みにじるという罪を犯してしまうことがあるのです。

特に教師は、人権問題について深く学んでおかなければなりません。子どもたちにも人権問題に関することを必要に応じて教えることも必要です。教師は人権問題を解消するという重大な役割を担っていることを忘れてはなりません。

次に、心の中に潜んでいる偏見や差別意識について無自覚なときも危険です。自分の心の中に差別や偏見といった意識が潜んでいるかも知れないのです。そんな考えは持っていないと思っていても潜んでいるかも知れないのです。

子どもも同じように、間違った偏見を知らないうちに植えつけられてしまっていることもあります。教師はそのことを鋭く見抜かなければなりません。

通常学級の担任をしていたときのことです。教室は、校舎の改修工事の関係で、一時的に知的障害のある生徒が通う特別支援学級の隣りにありました。その学級の生徒は休憩時間などに教室に入ってくることがあったのですが、障害のある生徒と触れ合うことを嫌っている生徒もいました。

ある日、英語の授業が始まってすぐ、英語の教師は教科書を尻の下に敷いて座っている男子生徒を見つけたので叱責しました。なぜ教科書を敷いていたのか答えなかったので、そのことが担任の私に知らされました。放課後、私は彼に、なぜそうしていたのか尋ねました。

するど、彼は「隣りのクラスの女の子が休憩時間に入ってきて僕の椅子に座ってしまったのです。その椅子に座ったら（障害が）僕にうつってしまうかも知れないと思ったので、教科書を置いてその上に座りました。」と答えました。

私は、彼の話に驚きました。なぜそのように思うようになったのか理解できませんでしたが、その偏見を払拭するための手立てをすぐに講じることにしました。まず、特別支援学級の担当教師に生徒一人一人の障害のことを説明してもらいました。また、何度も交流する機会を設けました。

やがて3か月ほどが過ぎ、私が担任していた学級は、工事が済んだ教室に移ることになり、生徒からの提案でお別れ会をやることになりました。特別支援学級の生徒を招き、学級委員が先導して机の間を歩かせました。通常学級の生徒は一人一人と握手をしながら「また会おうね。」などと声を掛けていました。そして、障害がうつることを心配していたあの男子生徒も自ら腕を伸ばして握手をしていました。

子どもは、生まれたときから障害に対する偏見を持っているはずはありません。私は、彼がなぜそうした偏見を持つようになったのか探ってみました。おそらく、家族の誰かから障害に対する偏見を植え付けられてしまったのではないかと思いました。しかも自分ではそうした偏見を持っていることに気づいてはいませんでした。

このように、誰の心の中にも偏見や差別意識が潜んでいるかも知れないのです。教師は、そのことをしっかりと自覚しておき、偏見が見え隠れしたときには、すばやく適切な対応と指導をしなければならないと思います。

懲らしめてやろうとか罰を与えてやろうなどという思いがあるときは、人権感覚に欠ける言葉が出てしまうことがあります。

子どもの間違った行為に対しては、冷静に叱れば済むことなのに、そうした意図をもっていると子どもの心を傷つけてしまう叱り方になってしまうことがあります。

教師は、子どもの誤った行為を制止し、あるいは認めさせ、そのことを理解させた上で反省させ同じ行為を繰り返さないことを決意するように指導すればよいのです。なぜ、懲らしめたり罰を与えようとしたりするのでしょうか。子どもの自覚を求めることより、その行為を絶対にさせないようにすることの方が教師の指導力だと思い込んでいるからでしょうか。

分かりやすく説明をしようとして例え（比喩）を引用し、その使い方を間違えて嫌な思いをさせてしまうこともあります。

「猫に小判」という言葉を使ったとすると、猫に例えられた子どもは馬鹿にされたのも同然です。比喩の本来の意味をよく理解せずに使ったために、それが差別的な受け止めになってしまう危険性もあります。

属性だけで判断したような言い方は、しばしば偏見を表してしまう結果を生むことがあります。例えば「男の子は乱暴だから、……」とか「1年生は、並ぶのが遅いので、……」という言い方の中に偏った思い込みのような内容が含まれてくることがあります。男の子がみな乱暴であるとは限りません。1年生がいつも並ぶのが遅いわけではありません。偏見が、差別的な態度に表れてしまうこともありますから要注意です。

受けをねらったり笑いを取ろうとしたりするときに相手の心を傷つけてしまうことがありますので注意が必要です。

人前で話をするとき、あらかじめ吟味して用意した内容を、言葉を選びながら話す場合はほとんど失敗することはありません。しかし、話しているうちに、聞いてくれる人を惹きつけようとか飽きさせないにしようとか、そうした思いが湧いてくることがあります。そんなとき、用意してなかった話題を思いつきで口にしてしまい、そのことが、聞いている人に嫌な思いを与えてしまうということがあるのです。

理性が十分に働かなくなる場面は要注意です。

腹を立てたり怒ったりしているときには、いつもだったら理性によって押さえられていた感情がそのまま表れてしまいがちになります。けんかなど言い争いをしているときに差別的な言葉が出てきて問題になったということも起きています。また、お酒が好きな人によっては、飲むほどに言いたい放題になり、周囲の者を傷つけたり差別的な発言したりしてしまうことがあります。

（3）カッとなって

体罰は、子どもの心を揺り動かす指導とは程遠い行為です。子どもの心に恐怖感を植えつけ、教師に対する不信感を生み出します。法律にも「体罰を加えることはできない。」と規定されていることは、全ての教師が知っています。それでも体罰は起きています。

これまでも、体罰をなくすために様々な取り組みがなされてきましたが、根絶までには至っていません。以前、東京都教育委員会は体罰根絶に向けて教師用の資料を発行したことがありました。その中には、体罰がなくならない要因が何点か示されてありました。

例えば、「体罰は許されないことは分かっているが、場合によっては止むを得ないこともあるという考え方」「体罰を行う同僚教師に体罰はしてはならないと率直に言えない学校の雰囲気」「厳しいしつけを学校に求めたり体罰を容認したりする一部の保護者の考え方」などが背景にあるからだと指摘されていました。こうした考え方が否定されるようにならなければ、体罰をなくすことは難しいかもしれません。

体罰をする教師は、子どもたちから怖がられることはあっても好かれることはなく、完全に信頼を失ってしまいます。そうしたことを知っているはずなのに、なぜ体罰に及んでしまうのでしょうか。体罰をしてしまったときは、どんな心理状態だったのでしょうか。

私は、体罰をしてしまった教師から話を聞く機会が何度もありましたが、「カッとなってしまった。」と語る教師がほとんどでした。カッとなっている状態で、つまり冷静さを失っているなかで行われる行為ですから、体罰は指導の一環であるなどと決して言えるはずのものではありません。

なぜ「カッとなってしまった。」のか聞いてみますと、その答えは大きく二つに分けられました。一つは、「思うように、子どもが動いてくれないとき」にカッとなってしまったというのです。

なぜ、そのようなときに「カッとなってしまう」のでしょうか。私は、「子どもは教師の言うことに従うものであり、従って当然である。」という誤った思い込みをしているからではないかと推測しています。

もう一つの場面は、「子どもに腹が立つようなことを言われたり、バカにされたと感じたりしたとき」にカッとなってしまったというのです。確かに、教師の気分を害するようなことをさりげなく言ったり、中には教師の逆鱗に触れるようなことをわざと言ったりする子どもがいるのも事実です。なぜ、そのようなときにカッとなってしまい、体罰に及んでしまうのでしょうか。これも私の推測ですが、「教師は、子どもより偉い存在である。」という誤った思い込みがあるからではないでしょうか。

もし、教師の誤った思い込みがあるためにカッとなってしまうのだとしたら、考え方を変えればカッとならないはずです。すなわち、「子どもは、教師の思うように動くわけではない。動くとは限らない。」あるいは、「教師は、子どもより偉い存在ではない。」というふうに思えばよいのです。

「指導が行き過ぎて体罰に及んでしまった。」という言い訳を聞かされることもありますが、もちろん認められることではありません。体罰は、指導の名に値しません。指導が体罰に及んでしまうのは、もしかしたら、ある指導観が関係しているのかも知れません。

それは、アメやムチを使って指導するという考え方です。そうした指導観の延長線上に体罰があるのではないかと考えています。好ましい言動にはアメを、望ましくない言動にはムチを与えるという指導方法です。幼い子どもに対しては、よく使われる方法だと思います。しかし、アメやムチは続けていると効果が薄らいできますので、アメやムチの大きさを上げていくことになります。それでも効果が期待できなくなると、特にムチは更に強くせざるを得なくなり、遂に体罰にまで及んでしまうと考えることができるのではないでしょうか。こうした方法で子どもを教育していくという指導観の是非について、検討してみる必要があると思います。

体罰はもちろんのこと不適切な言動によって子どもの心を傷つけてはならないことは当然のことです。教師をイライラさせるようなことをする子どももいる中で、心を落ち着かせ適切な指導ができる教師でなければならないと思います。

そのために、これまで教師として学んできたことや経験してきたことについて改めて振り返り、しっかりした考え方を持つことが大切です。

その視点として、「『教師』とはどんな存在で、どんな役割を担っているのか。」「『子ども』とは、そもそもどんな存在なのか。」「『教育』とは、いったいどんな営みなのか。」などが考えられます。

こうした「教師論」「子ども観（人間観）」「指導観（教育観）」について、同僚の教師等と議論したりして、自身の考え方を練り続けていくことが必要です。

3　教師とカウンセラー

指導とは、子どもの行動を、教師が良かれと思ったようにさせることだと考えていたときがありました。

事情を聞いてもそれを隠そうとして何も話さない子どもから、厳しく問いかけて事実を聞き出すことが指導だと思ったこともありました。

号令を掛けると子ども全員が整然と行動する、そうした指示を出せることが指導だと思っていました。

問題行動を起こし反抗的な態度を見せる子どもに対して何人もの教師が取り囲み、素直に謝ることができるまで厳しい説教をし続けることも指導だと受け止めていたこともありました。

もちろん、今では、いずれも指導とは認めがたいことであると思っています。問題を起こした子どもを指導する際にも、その行為を咎め、同じことをさせないようにすればそれで終わりということではありません。子ども自身が心から納得できるような説諭や、子どもの心を揺さぶるような説教をすることができてこそ指導と言えるのではないでしょうか。

カウンセリングを学ぶようになって、それまでの指導観が変わっていくのを感じました。一対一の関係で行われるカウンセリングは、集団で生活する学校の中で進められる教育指導には向かないと言われたこともありました。カウンセラーとクライエントの関係は、教師と子どもの関係と同じはずはないと、カウンセリングに否定的な意見も聞こえてきました。

でも、クライエントに対面するカウンセラーと、子どもの指導に当たる教師は共通するところが多々あります。教師はカウンセリングについて学ぶ必要があります。

（1）カウンセリングによって

カウンセリングはどのように進められていくのでしょうか。なぜカウンセリングによってクライエントが抱えていた問題が解決されていくのでしょうか。この問いに対する答えを述べることは簡単ではありません。なぜなら、カウンセリングの方法や理論は、カウンセラーの数ほどあると言われており、一つに絞って説明することは困難だからです。

私は、これまで、カウンセリングに関する書物から知識を得たり実際にカウンセラーを体験したりして、カウンセリングに関する理解を深めてきました。この経験をもとにして、なぜカウンセリングによって悩み迷う人の行動が変容していくのか、私なりに一定の考え方をもつことができるようになりました。そのことを中心にして、カウンセリングの原理について解説してみたいと思います。

なぜカウンセリングによってクライエントの言動に変容をもたらすことができるのでしょうか。それは、「混乱している心の内を見つめることができ、自分の真の姿に気づくことができるようになると、そうした自分にふさわしい行動を起こすことができるようになる。」からです。つまり、「自ら自己理解を深めることによって、その後の行動に変容がもたらされる。」のです。

一般に、「自ら自己理解を深めること」は簡単なことではありません。

そもそも人は、自分はどんな人間であるのか、よく分かっていません。今、何を思い、何をしようとしているのか、なぜ悩み迷い苦しんでいるのか、本当のところは自分でもよく分かっていないのです。分かっているようで、実は分かっていないのです。よく分かっていないために、どのように行動したらよいか迷ったり望ましい行動がとれなかったりするのです。

もし、こうした自分に関することが深く理解できるようになると、つまり「自ら自己理解を深めること」ができると、それまでの自分に対する受け止め方に変化が生じ、その結果、前向きで健全な行動をとることができるようになっていくのです。つまり、望ましい行動変容は、「自ら自己理解を深めること」ができるかどうかに掛かっているということです。

では、どうしたら「自ら自己理解を深めること」ができるのでしょうか。

カウンセリングでは、クライエントは、心の内を主に言葉を使って表し、それを続けていきながら自己理解を深めていきます。心の中に何かモヤモヤしているものがあっても、それは何なのか、吐き出してみないと分かりません。心の中を外に向けて吐き出していけば、その奥にもモヤモヤしたものがあることに気づき、それも吐き出せば、さらに奥にあるものが見えてきて、結局、心の中が整理され、そうした思いを抱いている真の自分に辿りつくことができるのです。

しかし、クライエントは、悩みを抱え、どうしたらよいか困惑し、そういう情けない自分を好きになれず、劣等感に押しつぶされそうになっています。そのため、人と接することを避け、人に知られることを嫌います。自分自身のことを自由に語ることなどはあり得ないのです。

でも、クライエントは、カウンセラーの前なら語ることができます。なぜ、カウンセラーの前であれば心の内までも語ることができるのでしょうか。それは、クライエントにとって、カウンセラーは特別な存在だからです。

カウンセラーは、クライエントに強引に語らせたり無理やり聞き出そうとしたりするのではなく、クライエントが自ら心の内を素直に安心して語れるような態度で接し、自分を隠す必要がないと感じさせる雰囲気を作ることに努めています。

クライエントは、カウンセラーの態度や雰囲気を感じて、自分のことを安心して語ることができるようになります。クライエントは、そうした自分の心の内を開く、つまり「自己開示」を重ねていくことを通して、自分自身のことを深く理解できるようになります。

私は、悩みを抱えて苦しんでいる生徒や、問題行動に走ってしまい、どうしたらよいか困っている生徒などに接してきました。何とかしてあげようと思っても、彼は、私との間に壁を築き、心の内を語ろうとはしませんでした。悩みを正直に打ち明けてくれさえすれば、思っていることを素直に語ってくれさえすれば、一緒に解決策を探すことができるのに、それができませんでした。

では、どんな教師に対してなら、辛いことでも悲しいことでも何でも話しかけてくれるのでしょうか。その答えは、カウンセラーが身に付けている態度から学ぶことができると考えています。

（2）カウンセラーに心を開くのは

カウンセラーは、クライエントを心から受容しています。「受容」は、クライエントに心からの思いやりを寄せている心理状態です。

もし、クライエントがどんな感情を抱いていても、例えば、恐怖、混乱、苦痛、自負、怒り、憎しみ、愛情、勇気のいずれの感情であっても、カウンセラーはそうした感情を抱いているクライエントであるとしてそのまま受け入れ、批難したり嫌ったりするのではなく、一人の独立した人間として尊重しています。無条件に受け入れます。どんな人でも受け入れるということです。それは、「好き」とか「愛する」という思いに近いような気がします。

教師がある子どもを受容するということは、その子どもを無条件に受け入れるということです。その子どもが弱々しい姿を見せていても、乱暴で周囲に迷惑ばかりかけていたとしても、そのまま受け入れるということです。教師に対して反抗的であったとしても、受け入れるということです。ですから、実際に子どもを受容するというのは、とても難しいことです。

私は、問題を起こすような子どもに対して、嫌ったり避けたりするのではなく、「不思議な奴だ。」「おかしなことをする奴だ。」「なかなか面白い子どもだ。」などという感情がわいてきて、その子どもと関わってみたいと思えたときがありました。こうした心理状態が「受容」に近いのではないかと理解しています。

次に、カウンセラーは、クライエントを共感的に理解しようと努めています。

深い悩みに暮れている人が、悲しくてたまらない思いを打ち明けたとき、「こんなことで、なぜこれほどまでに悲しむのかなあ。」とか「こんなことで悲しむなんて。大したことではないのに。」などと思ってしまうことがあります。この思いは、悩みを聞いた人が感じたことです。これとは違い、「この人にとっては、このようなことでも、とても悲しいのだ。」などと、打ち明けた人の立場に立ってその気持ちを理解することが「共感的理解」です。

一般に、人の話を理解することができたというのは、自分の心や頭の中にあらかじめ用意されている「理解するための枠組み（引き出し）」のどこかに入れることができたときだと思います。それに対して共感的理解は、自分（カウンセラー）の枠組みではなく、相手（クライエント）の枠組みを想像して、その中に落とし込むような理解と考えてよいと思います。

しかし、相手の枠組みに入れて理解するというのは、とても難しいことです。では、どうすればよいでしょうか。それは、「自分の枠組みで大抵のことは理解できる。」という考えを捨て去ることだと思います。「自分には理解できない世界が存在する。」という自覚をもつとともに、「理解の枠組みをもっと広げよう。」と努力することだと思います。

クライエントの思いを完全に理解することは不可能でしょう。「完全な共感的理解」はできないかも知れません。でも、「理解しようと努めている」姿勢がクライエントに伝われば、カウンセリングを成功させることに繋がっていきます。

前述したように、私は、中学時代に問題行動を重ねていた女子生徒と卒業後2年間にわたり文通をしたことがありました。彼女からの手紙には、現在の心境や問題行動に走ったときの思いが綴られてありました。私は彼女に送る手紙には、説教めいたことは一言も書かず、彼女が手紙を書いているときの心情を想像するようにして、その気持ちを私なりに理解したことが伝わるように書きました。こうしたやり取りを通して、彼女は過去を振り返りながら、素直で優しい本来の姿を取り戻していくことができました。手紙を通してではありますが、彼女を共感的に理解しようと努めたことにより、カウンセリングと同じような効果が生み出されたのではないかと思いました。

「受容」と「共感的理解」に加え、カウンセラーの精神状態は「一致」していることが大事だとされています。「一致」とは、その時点で、感じていることと考えていることが同じという状態を指します。感情と意志とがずれていないということです。「純粋さ」あるいは「真実さ」とも表される「一致」は、カウンセラーの心の中が純粋で、飾りや見せかけがなく、クライエントと関わっているその瞬間に自分の中を流れている感情や態度を隠さずにいる、ということです。

人は、「こうしなければならない。」「かくあるべきだ。」という意識を持ちながら生活し、自分に都合の悪い感覚や考えは否定されたり都合の良いように解釈してしまったりする傾向にあります。そうではなく、感じてしまったり考えてしまったりしたことは消すことのできない心の中の事実として認めることが「一致」という状態であると理解しています。

ただし、「一致」という精神状態になるのは、かなり難しいことであると感じています。

カウンセラーは、「私はカウンセラーだ。」という意識を強く抱く必要はなく、あるがままの自分でいようとしていればよいのです。そのカウンセラーが、情けない姿を見せているクライエントを無条件に受け入れ、その思いを否定せずに聞いてくれそうな雰囲気を醸し出してくれているので、クライエントは安心して悩みや苦しみを打ち明けることができるのです。これが、「一致」「受容」「共感的理解」といった態度でクライエントに向かっているカウンセラーの姿です。

教師も、こうしたカウンセラーに近づくことはできないでしょうか。悩みや課題を抱えて困っている子どもが、思いを打ち明け助けを求めてくるような、そんな教師になるために、カウンセラーから学ぶことがたくさんあると思います。

（3）人間観が態度に表れ　その態度が技術となって

カウンセリングは、こちらからは何も言わず、ただ「そうですね。」などと頷きながら聞いていればよいのですね、と言われることがあります。こんな聞き方をしていたら指導にならないじゃないか、教育も何もないじゃないかと、カウンセリングを教育指導に取り入れることを完全に否定されることもあります。こうしたことは、カウンセリングに対する誤ったとらえ方の典型です。

私も最初は、しゃべりたい気持ちを抑え、「なるほど」「うん、うん」などと相槌を打ちながら相手の話を聞くスタイルを真似るようにしていました。しかし、なぜ、このような聞き方をすると相手が心の内まで語ってくれるようになるのか考えていくうちに、単なる聞き方の「技術」ではないことに気が付きました。

このカウンセラーの「技術」は、クライエントが情けない姿を見せていても無条件に受け入れようとしている受容とか、どんなことでも否定せずに聞いている共感的理解に裏打ちされた「態度」に基づいているのです。相槌を打ちながら傾聴するという「技術」を通してカウンセラーの「態度」がクライエントの心を動かしているのです。

では、なぜその「態度」がクライエントの心を開かせるのでしょうか。カウンセラーは、なぜそうした「態度」で臨むことができるのでしょうか。

私は、カウンセラーが「人間は本来的に望ましい方向に成長しようとしている存在である。」と信じていることから、そうした「態度」をとることができるのではないかと考えています。

性善説に基づいた「人間観」が、受容などの「態度」に表れ、その「態度」から相手の話を傾聴する「技術」が生まれているのではないかと思っています。

クライエントは、カウンセラーが「人間は信じられる存在である。」という人間観を持っていることを、これまで述べてきたような態度や技術を通して感じとることができ、安心して心の内を語ることができるのではないでしょうか。

私はこれまで、問題行動を重ねたり深い悩みを抱いたりしている生徒と接してきましたが、そうした生徒に手助けができるようになりました。それは、なぜこのような状況にあるのか自分自身について深く理解できるようになると、その後は望ましい方向に自ら動き出すことができるということをカウンセリングから学んだからです。

教師がすべきことは、課題を抱えている子どもが自ら自己理解を深めることができるように関わることです。

では、どのように関わっていったら自ら自己理解を深めることができるのでしょうか。

それは、その子どもが悩みや苦しみや怒りなどを安心して吐き出せるようにすることです。

そのために、教師は、「人間はもともと望ましい方向に成長しようとしている存在である」という人間観」を持って、子どもを「受容」し、その子どもの思いを「共感的に理解」しようと努めればよいのです。

第四章　これまでも　これからも

社会の変化を反映して、学校には次から次へと新しい教育課題が押し寄せてきています。しかし、新しい課題ばかりでなく、以前からありながら現在も解決できていない教育課題もあります。その代表は、「不登校」と「いじめ」です。これまでも様々な取り組みをしてきましたが、それでも解決に至っておりません。

そこで、私は考えました。これらの教育課題はなくならないのかも知れないと。学校が存続する限り、不登校はなくならないのではないかと。集団で生活している限り、いじめは発生してしまうのではないかと。

だからと言って、不登校やいじめに対する指導や対応を諦めるということではありません。これまでもあった不登校やいじめは、これからもあり続けるに違いありません。そのため、不登校を減らし、いじめを解消するために、様々な取組みを続けていかなければなりません。これからも、不登校やいじめで苦しんでいる子どもたちを助けたり支えたりしていかなければなりません。

1　学校がある限り

（1）不登校の子どもとの出会い

学校に登校することができない状態を「不登校」と言いますが、「登校拒否」と呼ばれていたときもありました。登校する意思を秘めながら、登校時になると、頭痛や腹痛、強い心配、不安などの神経症状に襲われて登校を渋ったり拒んだりするのは、単なる怠学やずる休みとは異なる状態であると認識されていました。

そうした状態が「登校拒否」と呼ばれていたころ、中学1年生であった私は、この問題にいち早く取り組んでいた学級担任から依頼されて、毎朝、自転車に乗ってある生徒を迎えに行きました。

彼は「登校拒否」の状態を改善するため近隣の中学校から転校してきたのですが、その後も同じ状態が続いていました。彼は、自宅から学校の門のところまでは、私と一緒に自転車に乗って来ることができました。でも、そこからは学校に入ろうとしませんでしたので、待っていた学級担任に任せ、彼と別れて教室に向かいました。

休みの日に彼のところへ遊びにいったこともありました。庭には鯉が泳ぐ池がありましたが、その池は彼の求めによって作られたとのことでした。部屋に転がっている高価なおもちゃからも裕福な家庭に育っていると感じました。その彼が、なぜ学校に行けなくなったのか、私には謎としか思えませんでした。

朝の迎えは2年生になる前まで続きましたが、その後、彼が登校できるようになったのかどうか、私の記憶には残っていません。

一方、当時校長をしていた中学校で出会った女子生徒（中学2年生）も「不登校」の状態にありました。彼女は、母親が運転する車に乗せられて学校の裏庭にある駐車場にやってきましたが、車から降りて教室に向かうことはありませんでした。私は担任教師とともにその彼女に会いに行きましたが、彼女は同級生に見つかることを恐れており、私たちと顔を合わせるのがやっとでした。10分ほど他愛もない会話をしてすぐに別れてしまうだけの対面でしたが、母親は1日おきぐらいに車に乗せて連れてきました。それでも私たちとの関係は少しずつ深まっていきました。

3年生になり修学旅行の日が近づいてきました。無理かも知れないと覚悟はしていましたが、彼女に修学旅行への参加を勧めてみました。彼女は出発の前日まで迷っていましたが、当日の朝、母親に連れられて集合場所に姿を現し、無事に新幹線に乗って京都に向かうことができました。

旅館の中では、同じ班のメンバーと一緒に行動することは辛そうで、ほとんど一人で過ごしていました。翌日は班行動による京都市内見学でしたが、参加できないと言うので、私は彼女と一緒に旅館で待っていることにしました。旅館内にあった足湯などで過ごしていたところ、彼女は私と二人でなら出掛けることができそうだと言い出しました。私は彼女を連れて嵯峨野などを散策したのですが、少しは気持ちが和らいだように見えました。

修学旅行に参加できたことをきっかけにして登校できるようになるかも知れないと期待もしたのですが、その後も私たちが会えたのは母親に連れられてやってきた車の中だけで、彼女の不登校を解消することはできませんでした。

なぜ彼女は登校できないのか、どうしたら登校できるようになるか、最後まで理解できませんでした。教師として無力感さえ抱きました。でも、彼女が卒業に当たって残してくれた手紙で、その無力感はかなり薄らぎました。

それは、「修学旅行のとき、一緒に嵐山に行けて、とても楽しかったです。足湯に入れたことも、とても良い思い出になりました。中学3年間の楽しかったことも悲しかったことも、全てを糧にして、高校生活を頑張ります。3年間、本当にありがとうございました。」というものでした。後日、この手紙に書かれていた通り、無事に高校を卒業し大学に進学して頑張っているという知らせが届きました。

（2）不登校もいろいろ

学校に行こうとする気配がない息子に対して、親は「どうして学校に行かないの？」と迫り、返事がないと、「理由がないなら、頑張って学校へ行きなさい！」と強く促します。それでも彼は動こうしないので保護者は学校に助けを求めてきます。こうして担任教師の出番がやってきます。教師は、なぜ登校しないのか、なぜ登校できないのか、その理由を探し求めながら具体的な対応をしていきます。

私も、これまで何人もの「不登校」生徒に出会ってきました。何かのきっかけで登校できるようになる生徒もいました。でも、多くの場合は「明日は登校しておいで。」と誘っても、すぐに登校してくるようなことはありませんでした。

現在もこれからも不登校はなくならないかも知れません。なぜ、なくならないのでしょうか。何が原因で登校できないのでしょうか。教師は、不登校で悩む子どもにどう寄り添っていけばよいのでしょうか。

さて、不登校には、考えられる原因やその様態をもとにして様々なタイプ（型）があるとされています。例えば、学校生活に起因する型、遊び・非行型、無気力型、不安など情緒的混乱型、意図的な拒否型などです。

学校生活に起因する型に分類される例としては、成績が伸びない、友だちとトラブルになった、恥ずかしい思いをした、先生に叱られたなどの原因が考えられています。

以前「登校拒否」と言われていたころは、「情緒的混乱型」が多かった気がします。中学1年生のときに出会った彼もこの型に分類されたのではないかと思います。彼が登校を拒否する理由は見当たらず、当時は、毅然とした態度がとれない父親の影響ではないかという説明がされていたことを覚えています。私と嵯峨野を散策した彼女もこのタイプに分類されたと思われます。

その後、腹痛や頭痛などの症状や心理的な不安を伴わない不登校は「無気力型」や「遊び・非行型」と分類され、その割合が増えてきました。

「情緒的混乱型」の場合は、登校刺激を与え過ぎると益々登校を拒むことになってしまいますが、「無気力型」の場合は、登校刺激が必要になることもあります。「遊び・非行型」の場合は、登校させることよりも生活を改善させる手立てを講じなければならないと思います。

このように、不登校のタイプによって対応方法も変えざるを得ませんから、今関わっている不登校の子どもがどのタイプに属するか考えてみる必要があると思います。

しかし、同じタイプに分類された事例でも、それぞれ原因や背景は異なりますので、同じ対応方法で改善が期待できるとは限りません。

したがって、どのタイプに分類されるかということにあまりこだわらずに、不登校の子ども一人一人について、なぜ登校しないのか、なぜ登校できないのか、その原因や背景を見つけ出し、事例ごとに対応方法を考えていった方がよいと思います。

しかも、原因は複合的である場合が多いので、一つに絞ることは困難なことがほとんどです。


また、不登校に至った原因を、「誘因」と「要因」とに分けて分析することも必要です。「誘因」とは、友人とのトラブル、親や教師による叱責、様々な失敗、けが・病気などを指し、不登校になる「きっかけ」と言ってもよいかも知れません。「要因」は、性格特徴、家庭的要因（生育歴、親の性格、親子関係）、病気・障害などを指します。

「誘因」を解消することは比較的容易なことですが、「要因」の方が原因の多くを占めるほど不登校の改善は難しいと受け止めて適切な対応を考えなければなりません。

（3）不登校の子どもをなくしたい

病気に罹るなど特別な事情もないのに登校できないというのはとても悲しいことです。

そうした子どもが一人でも現れることのないよう、学校全体で考えておくことがあります。

まず、何と言っても、子ども一人一人にとって魅力あふれる雰囲気が学校の中に漂っていることが必要です。

そして、意欲的な学校生活を送ることができるためには、それぞれの子どもが所属している学級に、穏やかな空気に包まれた温かい人間関係が築かれる土壌が備わっていることが条件ではないかと思います。各担任による学級づくり、校長をはじめ全教職員の力を結集しての学校づくりこそが、不登校の子どもを生じさせない大前提になると思います。

加えて、各教師が不登校に関する理解を深める研修を重ねたり、予兆を見落とさないよう心がけたりすることも、不登校の未然防止につながっていくと思います。

もし、それまで、ほとんど欠席したことがない子どもが、体調が悪いからなどということを理由にして休み始めたとしたら、「もしかしたら。」と気にしてみる必要があります。

身体的な不調は、親が医師の診察を受けさせるなどして原因を考えてみると思いますが、教師はそうした身体的な不調が精神的な問題からきているかも知れないと考えることが大切です。

まずは、その子どもの最近の出来事や様子を思い出してみたり、友だちとの人間関係のことを考えたりします。欠席の理由として病気など身体的な原因はないということになれば、不登校に陥る初期の段階とみるべきでしょう。

その場合、不登校が始まる可能性があることについて、その子どもを知る多くの教職員に伝え、様々な情報を収集するなどして共通理解を得ることに努めます。カウンセラーとの連携を図る準備も含め、複数の教職員で組織的に対応することが肝要です。その子どもの性格や状況にもよりますが、本人にはあまり気づかれないように配慮しながらも、大げさと思われるくらいの体制を整えておくことが必要です。

初期の段階におけるきめ細かな配慮にもかかわらず欠席が長く続いてしまった場合は、改めて対応方法を検討し直し、本人の状況を見極めながら、慌てることなくじっくりと取り組むことが必要です。

まず、無理なく出会える機会を工夫します。電話、手紙、訪問などを試してみて、反応を確かめながら出会える方法を見つけ出します。誕生日に花を届けたことがきっかけになって会えるようになったという成功例もあります。

無理なく会えるようになったら、その子どもの今の気持ちを汲み取ることに努め、寄り添うようにして心を開かせるようにします。

登校を促す刺激を与えたり説得したりすることを急ぎ過ぎると失敗します。強引に登校させようとしたことが、効果を生むどころかマイナスの影響を与えてしまうこともあるからです。中には、しばらく家に閉じこもっている時間が必要な事例もあります。昆虫の一生に例えれば、「さなぎ」に相当する期間です。

仮に登校の意思が感じられても、「いつか、みんなと一緒に元気に活動できるようになることを祈っているよ。」という程度の言い方に留めた方がよいと思います。

遠足や文化祭などの行事が登校するきっかけとなる場合もありますので、こういう機会を利用することも考えに入れておきます。保健室内の小部屋や相談室など一人で静かに過ごせる個室を用意しておくことも考えられます。

せっかく登校できたのに翌日は欠席してしまい、がっかりしたり諦めてしまったりといったケースもよくあることです。それでも、焦ることなく、本人の気持ちを思い浮かべながら寄り添っていくという姿勢を崩さないようにして登校できる日を待つことが肝要です。

（4）不登校の子どもに寄り添う

不登校の状態にあった子どもが登校できるようになった事例もあります。そこで、これらの事例には、何か共通したことがあるかも知れないと考えてみました。それが分かれば、不登校を解消する効果的な方法を見つけることができるからです。

ところが、登校できるようになったきっかけは事例ごとに異なり、全ての事例に効果を発揮する共通の方法を導き出すことは困難でした。

もしあるとすれば、それは、不登校の子どもたちがやがて登校できるようになることを、祈るような気持ちで待ち望むという思いを持ち続けることです。

なぜならば、不登校の状態にあっても、誰もが「みんなと同じように、生き生きとした毎日を過ごしたい。」「友だちを作りたい。」「もっともっと良くなりたい。」「今の自分を変えたい。」というような願いを持っているはずだからです。

教師は、不登校の子どもがそうした願いを心に秘めていることを信じ、心から寄り添っていくことが必要です。その結果、周囲から温かく見守られていることを感じた不登校の子どもは、何らかのきっかけで登校する勇気が湧き、学校に向けて一歩踏み出していくのです。

ある中学校に異動してすぐ3年生の学級を担任しました。その学級には2年生の途中から欠席が続いている男子生徒がいました。家庭訪問をしてその彼と会って少し話をすることはできましたが、なぜ登校できないのか見当もつきませんでした。

しかし、これまで仲間であったと思われる生徒の一人に尋ねたところ、「あいつは絶対に学校には来ないよ。」と言い切るその様子から、仲間での間でトラブルがあったのではないかと想像できました。そのトラブルの根は深そうに感じ、彼が登校できるようになるまではかなりの時間を要するかも知れないと覚悟しました

一方、私は始業式の日から、学級の全員に向けて「良い学級を築こう！」と呼びかけながら、学級づくりに取り組んでいました。良い学級の条件をいくつもあげながら、ある日、「全員が一人残らず明るく元気に登校できるような学級にしたい。一人でも欠けているクラスは、良いクラスとは言えない。」と訴えました。彼がいつまでも登校してこないことを取り上げて、「彼がこの教室に来られるようなクラスにしたい。」と話したこともありました。

それから数日後、突然、彼は登校してきました。いつか登校できるようになればと願っていましたが、こんなにも早くその日を迎えることができるとは思っていませんでした。

彼はなぜ登校することができたのでしょうか。彼に聞いたわけではありませんが、おそらく、学級の全員に向けて発した私の思いを誰かが彼に伝え、彼がそれに応えてくれたのではないかと思っています。

中学校の校長を務めていたころ、小学校5年生の後半からほとんど登校できていない女子児童の母親から相談を受けたことがありました。中学校への入学が近づいてきた3月のある日、来校した母親から、「6年生の娘は学校に行けていません。不登校のまま中学校に入学することになってしまいそうですが、それでも構いませんか。」と相談されました。私は「構いませんよ。私も娘さんを支えていきますから。」と答えて母親を帰しました。

ところが、入学式の数日前になって母親に連れられた彼女が校長室にやってきました。母親の話によれば、母親が感じた私の印象を彼女に伝えたところ、私に会ってみたいと言い出したということでした。校長室のソファに座っている彼女は、見るからに元気がなく、それほ母親が言うように、すぐには登校できるようになるとは思えませんでした。でも、それほど拒否的な態度をとってはいなかったので、私は彼女に、「入学式に来れそうだったら来てみてよ。もし、式の途中で気持ちが悪くなったら、先生たちが助けてくれるから。私も助けに行くから大丈夫だよ。」とサラッと声を掛けました。続けて、私の手元にあったウルトラマンの人形が付いたキーフォルダーを、「これ、お守り」と言って、彼女が持ってきたバッグの中に入れました。

私は、90％以上の確率で入学式は欠席だろうと思っていましたので、入学式の新入生席に座っている彼女の姿を見つけたときは驚きました。彼女は、その後も欠席することなく、中学校生活の3年間を終えて無事に卒業し、高校、大学と進学することができました。

小学校のときに登校できなかった彼女が、なぜ、中学生になってからは登校できるようになったのでしょうか。その決め手は何だったのでしょうか。案外、ウルトラマンの人形が付いたキーフォルダーが効果を発揮したのかも知れません。冗談に「ウルトラマン効果によるものです。」と答えてみたりしています。

2　みんなで過ごしていれば

（1）いじめに追いつめられて

中学1年生の担任をしていたときのことでした。一日の授業を終えて帰り支度をしていた教室の中で、それは起きました。数人の男子生徒がキャーキャー言いながら筆箱を投げ合っていたのです。笑いながら、ある女子生徒の名前を付けて「○○菌がついた。」と叫んでいる声も聞こえました。私は、とっさに「いじめだ。」と察知しました。関係した男子生徒を残し事情を確認したところ、彼女の手が、近くの席に座っていた男子生徒の筆箱に触れたことから、この騒ぎが始まったことが分かりました。なぜそのようなことをしたのか、一人の男子生徒が説明しました。

小学校3年生だったとき、彼女と同じ学級であったこの男子生徒は、彼女が授業中に鼻くそをほじくって教科書の上に落としていたのを見たと言うのです。以来、その彼女のことを「汚い」と思うようになったのですが、別の学級に替わった4年生以降はそのことを忘れていたそうです。ところが、中学生になって、再び同じ学級になったことから、小学生のときの記憶がよみがえり、しかも、仲間の男子生徒に言いふらし、集団で、その彼女を「○○菌」と呼んで遊ぶようになった、とのことでした。

私は彼の話を聞いて、驚きと腹立たしさが絡み合ったような感情が湧いてきました。鼻くそをほじくるという、子どもならやるかも知れないような些細な行為が、しかも、それが4年も前のことであったにもかかわらず、いじめのきっかけになってしまったのです。しかも、そのときのことを知らない生徒にまで語り継がれ、みんなでやると面白いからと「○○菌」と言ってからかったのでした。彼女がどんなに辛い思いをしていたかなど想像すらしていませんでした。

この事例は、気づくのが早かったこともあり、すぐに解決することができましたが、もし見逃していたら、「○○菌遊び」と呼ばれるいじめはエスカレートして、いじめに加わる生徒の数も増え、彼女はどんどん追い詰められてしまったかも知れません。

いじめの問題は以前からありました。でも、私が教職に就いたころは、生活指導上の課題といえば、非行や暴力などの反社会的な問題行動と登校拒否（不登校）で、いじめの問題が大きく取り上げられることは特別な場合だけでした。

やがて、いじめの問題が注目されるようになってきましたが、その理由は、件数の多さとともに、いじめによって自殺に追い込まれるという悲惨な事例が出てきたことからではないかと思われます。


私が担任していた学級でも、悪質ないじめが起きたことがありました。ある男子生徒が授業中に突然立ち上がって歌い出し、授業をしていた教師を驚かせました。担任の私が訳を聞いてみたところ、小さな声で「先生をびっくりさせたかったから。」と答えましたが、とても信じられませんでした。なぜなら、その彼は、弱々しい感じで、そんな大それた行為ができるような生徒には見えなかったからです。また、昼休みに校庭の大木に登って歌を歌い周囲から注目を浴びるということもありました。教室に行ったら彼がいないので探したところ掃除用具が入ったロッカーに閉じ込められていたということもありました。

なぜこうしたことが続くのか気にしていたのですが、ある日、彼を含む数人の男子生徒で構成されているグループのリーダー格の生徒に命令されて行動しているのではないかということに気づきました。しかし、彼に何度問いただしても、自分からしたこととしか答えず、リーダー格の生徒に指示されてやっていることは認めませんでした。

彼は、いじめに苦しんでいたはずなのに、暗い表情を見せるだけで、いじめられていることを認めてはくれませんでした。いじめている生徒もいじめられている生徒もその事実を認めませんし、いじめている場面を見つけようとしても、見張りをおいているためにそれができませんでした。

いじめを知っているはずの生徒から聞き取ろうとしても、言えば今度は自分がいじめられると思ったからか、「知らない。」としか答えてくれませんでした。

でも、いじめられている場面を見て「嫌だなあ。」「止めてくれないかなあ。」と感じている生徒も大勢いるに違いないと思いました。あるとき、学級委員ともう一人の女子生徒を、男子生徒に気づかれないようにして私のもとに呼び寄せることに成功しました。「いじめをなくしたい。」「いじめの事実を知りたい。」「力を貸してほしい。」という思いを伝え、いじめを解決するための作戦を提案しました。

「今度、全員がそろっている教室で、『残念ながら、このクラスにはいじめがある。私は、いじめのあるクラスは嫌だ。いじめをなくしたい。そのために、いじめを見たことがある人や知っている人は勇気を奮って教えてほしい。』と訴えようと思う。そうしたら、自分から手を上げて答えてほしい。私にいじめの事実を教えてほしい。」と頼みました。加えて、「一人や二人ではあとのことが心配だろうから、あらかじめ同じように感じている女子生徒に『みんなで力を合わせていじめをなくそう。』という気持ちを伝え、発言できる生徒を増やしておいてほしい。」と言っておきました。

この作戦は見事に成功していじめの事実が明らかになり、リーダー格の生徒を含む関係生徒の指導に取り組むことができるようになりました。

この問題が解決したのち、いじめられていた彼に、これまでのことを書き綴ってほしいと依頼したところ、しばらくして彼から手紙が届きました。開けてみると、いじめられてきたことが数枚の便箋にびっしりと書かれてありました。

「小学校3年生のときのことです。二学期の初めに席替えをして新しい班になった。給食のあと、僕の班の机の下に給食のパンが落ちていた。誰が捨てたか分からないうちに、僕が捨てたとみんなが言った。僕は、気が弱くて、その日は違うと言えなかった。その日から毎日、僕の机の下に給食のパンや、時にはおかずが置いてある。みんなは僕が捨てたと思っていて、僕は自分がやったんじゃないと言えない。学級会などで課題にされたり、先生に残されたりしたけど、気が弱くて本当のことが言えない。（途中省略）

二学期が終わるころ、母さんが先生にそのことを言ったら、先生は僕に、誰が捨てるか見ていなさいといった。その日は、二学期最後の給食の日で、今日しか見つける日がなかった。見ていると、A君が捨てようとしているらしく下を向いていたので、僕が見ようとしたら、A君が『あっ、捨てようとしている』と言ったので、顔をあげたら、もう机の下にパンが置いてあった。（途中省略）僕は、この二学期、学校へ来るのがすごくいやだった。」

これを読んで、私は愕然としました。彼に対する巧妙ないじめは、すでに小学校3年生のときから始まっていたのです。

続いて、5年生になったときのいじめのことも記されてありました。

「そのころは、おんぶ戦など、弱い人が馬を作って廊下を走り回った。必殺わざと言って、いろいろなわざを考えては、自分の弟子に痛さを試していた。（途中省略）おんぶ戦という騎馬戦のようなもので、上に乗っている人が弱い人をつねったりたたいたり、そして、馬どうしがタックルする。僕たちは、しょっちゅう、青あざやかさぶたができている。女たちに何か言わせたりして楽しんでいるし、授業が始まるまで、僕はよく先生を見張っていたりした。たまに見つかって怒られていた。先生は忙しいらしく、なかなか来ない。先生が来るまで休み時間の続きをやっている。自習の時間は前に出されて、いろいろなことをやらされたり言わされた。（途中省略）このころから、B君と遊ぶと、大抵万引きをする。驚くほど盗む。僕にも、あれをやってこい、これをやれとか命令される。」

中学に入学して初めのころは何事もありませんでしたが、それを過ぎると少しいびられることがあったとのことでした。しかも、それで終わることはなく、むしろエスカレートしていきました。

「催眠術をかけられたりしたが、前よりはだいぶよくなった。（途中省略）春休みに一緒に風呂に行ったとき、まゆげを剃られ、剃りも入れられた。（途中省略）

2年生になると、今まで何とも思っていなかった人たちから命令されるようになった。

特にC君はおごってくれと言ってきた。僕のお金がなくなると、今度は、お母さんの財布から狙えと言う。初めは千円ぐらいだったが、二千円、五千円とあがっていく。(以下省略)」

彼に対するいじめは、小学3年生の二学期から始まり中学2年生まで続いていました。私が担任していた学級の中で起きたいじめは、彼に対するいじめのほんの一部に過ぎなかったのです。

さらに、この手紙の最後には、極めてショッキングなことが書き綴られてありました。

「今まで僕は、絶対に自殺はしないと思っていた。これもやはり気が弱いせいだと思うが、この頃は、自殺しようという心が少し出てきたような感じがする。死にたくないという気持ちが何だかただの意地になってきた気がする。もう何だか疲れたような感じ。だけど、死ぬのはいやだ。まだ生きていたい。長生きしたい。このままの生活はいやだ。自由になりたい。僕は旅に出る。自由を探しに。もし自由がなければ、自由が見つからなかったら、死ぬかもしれない。もし未来への光が消えたら、もし、このままの生活が続いたら。」

小学3年生のとき、机の下にパンくずを捨て、それを彼の仕業とした行為が、彼に対する最初のいじめでした。そうしたことがいつまでも続き、しかも少しずつエスカレートしていきました。中学2年のときは、リーダー格の生徒の指示によって授業中に突然立ち上がって歌い出すなどの陰湿ないじめが起きました。彼は長い間辛いいじめに耐えながら、気が弱い自分を責め、自由がないことに気づき、このままの生活に嫌気がしてきて、遂には自殺を考えるほどに追い詰められてしまったのです。

もし、彼がいじめられていることに気づくことができないでいたら、いじめはいつまでも続いてしまったことでしょう。いじめに気づいたとしても、巧妙に仕組まれているいじめを完全に解消することができなかったら、最悪の事態を招いてしまったかも知れません。いじめがいかに恐ろしく憎むべき行為であるかということを、心にしっかりと刻んでおかなければなりません。

（2）いじめに正当な理由はない

彼が書き綴ってくれた手紙を見ても分かるように、ひと口に「いじめ」といっても、その具体的な行為は様々です。しかも、「いじめ」という言葉からイメージする行為は人によって異なります。

教師からは「いじめ」とは思えないような行為でも、保護者から「子どもがいじめられた。」と血相を変えて激しく責められることがあります。また、ある子どもが「いじめられた。」と訴えているのに、いじめた子どもはそうは思っていないという場合もあります。ですから、何でも「いじめ」という表現で括ってしまわないで、「叩かれた。」「悪口を言われた。」など具体的な行為を表す言葉を使っていじめ問題に対処していった方がよいと思います。

「いじめ」とされる行為の内容は、言葉によるいじめだけでなく、「蹴られた。叩かれた。」というような身体的な苦痛を与えるいじめもあります。「金品を盗られる。壊される。」などは犯罪そのものです。「恥ずかしいことや危険なことをさせられる。」というようなこともあります。このように、いじめには様々な行為がありますが、最も多いのは「冷やかし、からかい、悪口、脅し文句、嫌なことを言われる。」などの言葉によるものです。

また、子どもたちが仲間と生活していると、仲良く遊んでいるだけでなくトラブルが発生することもあります。ふざけ合ったりからかい合ったりしているうちに、それが「言い合い」や「けんか」に発展し、涙を流したり殴り合いになったりすることもあります。

こうした場面を見て「いじめ」と言われることもありますが、何でもいじめと決めつけない方がよいと思います。理由があって、互いに言い合ったり殴り合ったりしているとしたら、それは「いじめ」ではなく「けんか」ではないでしょうか。子どもたちが関わり合うことは、仮にトラブルになっても成長のためには貴重な経験ですので、そうした機会を奪わないようにしたいものです。

ところが、「ふざけ合い」はいじめとは言い切れませんが、いじめているのに「ふざけているだけ」と説明して、いじめを隠そうとしている場合もあります。いじめなのか、いじめではないのか、慎重に判断する必要があります。

「いじめ」とは、「正当な理由もなく、ある者（いじめる側）が他の者（いじめられる側）に対して、一方的に、嫌な思いをさせる行為です。人権を侵害する行為であり、絶対に許されません。」と定義しています。

この定義は、いじめかいじめでないかを判断するのに役立ちます。ポイントは「正当な理由がない。」ということと「一方的に」「嫌がることをする。」ということです。

（3）なぜ　いじめるの

なぜ、嫌がるようなことをするのでしょうか。どうしていじめるのでしょうか。生まれたころは純真無垢な心をもっているはずなのに、どうして誰かをいじめるような子どもに育ってしまうのでしょうか。そもそも、どんな気持ちからいじめるのでしょうか。なぜ、いじめはなくならないのでしょうか。

どんな理由で「いじめ」の行為に及んでしまうのか、その理由や動機は様々です。例えば、「力の弱いもの、動作の鈍いものを面白半分に」「欲求不満の鬱憤晴らしとして」「生意気なもの、いい子ぶるものに対する反発・反感から」「自分たちと違う、なじめないなどの違和感から」「怒りや悲しみ、嫉妬から」「仲間に引き入れるため」「以前にいじめられたことの仕返しとして」などがあげられます。

なぜこのような理由や動機からいじめという行為に及ぶのでしょうか。「以前にいじめられたことの仕返しとして」という理由以外は、いずれも自分の身に被害を加えられてはいないのです。私が定義したように「正当な理由はない」のです。どうしてこのような身勝手な理由からいじめるのでしょうか。なぜこのような動機がいじめる行為に結びついていくのでしょうか。

この問いの答えを探してみました。その一つは、子育てに際しての価値観に問題があるのではないかということです。

例えば、子どもに対する評価は、学力や成績に大いに関係しています。偏重していると言ってよいかも知れません。そのため、勉強ができない子どもは低く見られ、勉強ができる子どもの心の中にいじめる動機が生まれてしまうのではないでしょうか。また、幼いころから素早い動作や積極的な態度が称賛されて育ってきています。そこで、動作が鈍いとか消極的な態度に対して軽蔑的な思いが生じ、それがいじめる行為に繋がっていくということも考えられます。「力の弱いもの、動作の鈍いものを面白半分に」いじめるという動機は、こうしたことが背景にあると考えられないでしょうか。

我が子を優先した考え方が強い保護者の存在も気になります。自分さえ良ければという自己中心的な思いから行動している大人の影響を子どもも受けているかも知れません。そうした子育てに際しての保護者の考え方が、いじめの背景にあるかも知れないと思っています。

2点目はテレビの影響です。特にお笑い番組です。

お笑いにもいろいろなスタイルがありますが、中でも、一人のお笑い芸人に嫌がることをやらせ、それを数人のお笑い芸人が取り囲むようにして笑い飛ばすスタイルです。視聴者もその様子を見て楽しんでいます。こういう番組はとても気になります。嫌なことをさせられている芸人も、それが仕事ですから嫌がる真似を大げさにして笑いを誘うようにしています。これこそ「面白半分に」するいじめそのものだと思います。こういう番組を見ていた子どもたちは、ゲラゲラ笑いながらいつのまにかいじめを学んでしまっているのではないかと思えてなりません。

3点目に「欲求不満の鬱憤晴らしとして」いじめるということも気になります。欲求不満を晴らすために、自分とは何の利害関係もない人をいじめるとは、何と身勝手なことでしょう。欲求不満のはけ口としていじめの対象になってしまった人は、その怒りをどこに向けたらよいのでしょうか。

そもそも子どもがどれほどの欲求不満を抱いているでしょうか。子どもの周りにどんなストレスのもとが転がっているのでしょうか。もし、欲求不満やストレスを抱えているのなら、それを解消する健全な方法を身に付けさせておくべきです。誰かをいじめることで欲求不満を晴らすということであれば、これは絶対に許すわけにはいきません。

4点目に、最も問題の深さを感じるのは「自分たちと違う、なじめないなどの違和感から」いじめるという心理です。

他県から転入してきた子ども、外国人の子ども、コミュニケーションをうまく図ることができない子ども、障害のある子どもなど、どこか自分たちと異なるところをもつ子どもに対して、その子が自分たちに何かをするわけでもないのに、一方的に嫌なことをするいじめです。優しく接してあげることができなくても、せめて、そっとしておいてあげればよいのにと思うのですが、なぜわざわざいじめるのでしょうか。

このことを理解するために、私は、「異質な存在を排除」しようとする本能のようなものが人間にも残っているのではないかという仮説を立ててみたことがあります。集団で行動する動物によっては、ほかの群れにいた個体を加えると、その個体を排除しようとすることがあると聞いたことがあります。動物の一種である人間も、大げさに言えば種族維持本能の一つとしてそういう行為に走るのではないかと考えてみたのです。

もし、「自分たちと違う存在に対するいじめ」が本能によってなされている行為であるとしたら、どうやってなくすことができるでしょうか。

こうしたいじめは、「いじめをしてはいけない。いじめは悪いことである。いじめは人権侵害だ。」という教育を施さなければならないと考えています。何もしなかったら、いじめは発生してしまいます。いじめは、教育の力によってなくしていかなければなりません。

（4）いじめに気づく

いじめがいつまでも続いたり、いじめによって大きな悲劇が起きてしまうまで気づかなかったりするのは、なぜでしょうか。なぜ、いじめを早期に発見できないのでしょうか。

その理由の一つとして考えられることは、辛い思いに追い詰められるようないじめも、「はじめはいじめとは思えないような些細な行為から始まる。」ということです。

私が担任した1年生の男子生徒は、ストーブの上に置いて熱くなった十円玉を首筋に当てられ火傷を負わされてしまいました。私は、怪我を負うまでいじめに気が付かず、しかも保護者からの連絡で初めて知りました。教師として極めて恥ずべきことと自戒し、いじめについて理解を深めなければならないと思うきっかけになった事件でした。

思い起こしてみれば、事件が起きる前に思い当る場面が何度もあったのです。いじめられていた生徒（被害生徒と呼ぶことにします。）は感情を表すのが苦手で見た目にもおとなしく、何かとちょっかいを出されていました。例えば、列の一番後ろの席にいた生徒（いじめていた生徒で、加害生徒と呼ぶことにします。）がプリントを集めながら前に進んでいくとき、途中の席に座っている被害生徒の肩を軽くポンと叩くことがありました。私は加害生徒が親しみを表しているようにしか見えませんでしたが、その動作は加害生徒が後ろから前に出てくる度に行われ、肩や背中を叩いたり頭を叩いたり少しずつ激しくなってきました。被害生徒はそうしたことが続いても嫌がる素振りを見せませんでしたので、私はいじめとは思っていなかったのですが、この時点からすでに始まっていたのです。その後も、私の知らないところで、あるいは私が気づかないで、そうした行為がエスカレートしながら続き、遂に熱い十円玉を当てられるまでなってしまったのでした。

いじめは、最初はいじめとは思えないような小さな行為から始まることが多いようです。それを、親しみを表す「ふざけ」とか、子どもなら当たり前のようにやる「ちょっかい」程度にしか見られないでいると、辛い思いを強いる「いじめ」に発展するまで気づかないという結果になってしまいます。

また、いじめの発見を難しくしている理由は、いじめられている子どもが「嫌な行為をされても、嫌だと言わない、あるいは、そうした思いを表さない。」ことです。

そのため、周囲がいじめられていると気づけないこともあります。また、いじめている子どもも嫌だと感じていることが分からず、いじめているという自覚が生まれないということもあります。

このように、表現力やコミュニケーション能力が不足しているのではないかと思われる子どもは学級集団の中に何人もいます。また、自己肯定感や自尊感情が低く、自分は「いじめられるような人間だ」と思い込んでしまうような子どももいるかも知れません。

そうした子どもに対しては、「不当な扱いを受けている。」「いじめられている。」ということに気づき、いじめに抵抗できる力を身に付けさせていくことが必要になります。

いじめから抜け出せない原因として、「複雑な人間関係」があげられます。いじめられる者は大抵一人ですが、いじめる者は複数というのがほとんどです。複数を相手に一人で抵抗しなければなりません。さらに、そのいじめを見ている周囲には、囃し立てたり楽しんでいたりする者が取り囲んでいる場合もあります。また、そうしたいじめの場面に一緒にいた者の多くは、いじめに関わることはしなくても無関心を装い救いの手を差し伸べることはありません。

「いじめる者（複数）」「囃し立てる者（複数）」「傍観者（多数）」で構成される集団の中で、「いじめられてる者」は一人孤独の状態に置かれています。「傍観者」の中にはいじめを止めさせたいと思う者もいますが、それを行動に起こすと自分もいじめられる対象になってしまうかも知れないという心理が働き「傍観者」のままになってしまいます。

これは「いじめの構造」と言われているものですが、ここから抜け出すのは至難の業です。しかも、いじめは意図的に隠されることが多く、教師などの大人が気づくことや関わろうとすることを難しくしています。また、誰か（教師や親など）に相談しそのことが知られてしまうと、さらにいじめられてしまうのではないかと考え、救いを求めることもできないのです。

（5）教育なくして　いじめは解消しない

いかにして、いじめの発生を防ぐか、いじめられて辛い学校生活を過ごしている子どもをいかにして救い出すか、教師に課せられた大きな課題です。この課題に取り組む際に考えておきたいことが何点かあります。

1点目は、「教育なくして、いじめ問題は解決できない。」ということです。生まれたときは純真無垢な子どもが、なぜ誰かをいじめるようになってしまうのでしょうか。それは、育ってきた環境や子どもを取り囲んでいる社会の影響からかも知れません。もしかしたら、人間の本性からもたらされていることかも知れません。

学級は、様々な個性・考え方をもった子どもの集団です。そのため、その中で様々なトラブルが起きてしまうのは止むを得ないことかも知れません。ときには、そのトラブルがいじめに発展しまう可能性があることも否定することはできません。しかし、「いじめが発生しにくい集団を育てること」や「起きてしまったいじめを深刻化させないようにすること」は、教育によってできると思います。いじめの解消には教育の力が必要です。

具体的には、日ごろからいじめが起きにくい学級を築くこと、つまりそうした集団づくりに努めることが大事です。教師（学校）側が望んでいる集団（学級、学校）の姿を子どもたちに明確に示し、例えば「いじめのないクラスにしよう！」などと宣言することが必要です。また、こうしたことを、学校だより（学級通信）に載せたり全校（学年）集会の場で話したりするなど、繰り返し子どもたちに語り続けます。子ども自身にもじっくり考えさせます。

道徳教育及び人権教育の充実を図ることも欠かせません。人権尊重の精神を育てることを目指し、個性を認め尊重する心がもてるようにします。「みんな違ってみんな良い」というような考え方を子どもたちに分からせたいものです。「一人はみんなのために、みんなは一人のために」というような集団の中での生き方についても考えさせたいものです。「いじめ」そのものについて学習する機会を設けることも必要です。特に、「いじめは人権侵害であり、許されない行為である。」ということ、「いじめは法律によって禁じられている。」ということ、「いじめられている者は悪くない。」ということ、「いじめを見て見ないふりをするのも、いじめに加担していることになる。」ということは必ず理解させなければなりません。

2点目は、いじめ問題に取り組むにあたっては、「慎重かつ丁寧に取り組むことが大切である。」ということです。

「いじめは許されない行為である。」ということが理解できたようにみえても、いじめが発生してしまうことがあります。「いじめについての指導は簡単なことではない。」ということを自覚し、指導には工夫や繰り返しが必要です。「いじめの構造」と言われる複雑な人間関係があることを理解し、いじめに気づくにしても、関係した子どもから事実を確かめるに際しても、様々な工夫をしたりきめ細かな配慮をしたりして進めていく必要があります。

いじめの指導は簡単ではありません。けんかの仲裁をするときのように、いじめた理由を聞き出し、いじめが悪いことであることを説き、いじめられた子どもに詫びさせるというようなことで全てが解決するとは限りません。

いじめに気づくことは難しく、いじめられていても、いじめていても、そのことを認めないかも知れないという前提に立って取り組むことから出発しなければなりません。そこで、噂や他の教師からの情報を活用するなど様々な方法を駆使していじめの場面（場所、時間帯、態様）を把握し、教師がその場面に偶然出くわすようにしていじめを発見するというやり方が考えられます。また、日ごろから、「いじめをなくしたい。」という強い信念を表し、望ましい集団づくりについて子どもたちに気持ちを込めて訴えかけておくことも大切です。

こうした取組みが子どもの心を動かし、いじめを見た子どもが「先生、昼休みにトイレを覗いてみてごらん。」と密かに知らせてくれたことがありました。教師の訴えに子どもたちが応え、子ども自身の力によっていじめが消滅することもありました。

いじめが起きていることを子どもが知らせてくれることもありますが、多くの場合は「私が教えたことは秘密にしてほしい。」と懇願されます。知らせてくれた子どもが「いじめられている本人」である場合は、知らせたことが分かってしまうといじめがさらに激しくなってしまうことを恐れているからです。「いじめを見た（聞いた）者」の場合は、知らせたことが分かってしまうと、自分にも「いじめ」が及んでしまうことを恐れているからです。教師は秘密厳守を約束し、知らせてくれた勇気を称えるとともに、いじめの内容を丁寧に聞きとることが大切です。

いじめの事実が明らかになれば、いよいよその解消に向けて具体的に取り組むことになりますが、その方法は、どんないじめでも同じというわけにはいきません。いじめの態様や関係した子どもの性格などを丁寧に把握して、その事例に合った対応や指導の方法を工夫する必要があります。

いじめに関係した子どもがその実態が明らかになることについて覚悟できている場合を除き、いじめられていた子どもやいじめを知らせてくれた子どもを追い詰めることがないよう、特に慎重さが求められます。その子どもに、解消に向けて取り組む方法（手立て）について説得しながら（納得させながら）相談（提案）し、了解が得られた方法でいじめ解消に向けて取り組みます。

「いじめの構造」を念頭に置き、「いじめは人権問題である。」という視点を忘れてはなりません。いじめの指導経験があまりない教師は、その経験がある先輩教師や信頼できる管理職などに相談しアドバイスをもらいながら取り組むことをお勧めします。

3点目は、「深刻ないじめを解消することは、教師一人の力では難しい。」ということです。

いじめは、早期に発見し早期に解消に向けて取り組むことが肝要ですが、気づくのが遅れ、深刻ないじめになってしまう場合もあります。

深刻ないじめとしては、次のような状況が考えられます。いじめが長期化してしまっている場合、いじめられている者が登校できなくなったり、生きる意欲を失いそうになっているような場合、明らかに刑法等に触れる行為（犯罪）にまで発展している場合などです。

こうした場合は、担任教師が一人で努力しても、状況を一層悪化させてしまうだけです。複数の教師が協力して関わり、情報を共有し連携して取り組むことが大切です。特に深刻ないじめの場合は、管理職が中心になり、全ての教師が協力して取り組む必要があります。

改めて、いじめの実態（きっかけ、構造、深刻化する原因）を把握・分析し、新たな対策を考え出さなければなりません。これまで以上に保護者との連絡を密にして学校との信頼関係を築き、連携しながら取り組む必要があります。また、学校関係者だけで解消しようとせず、速やかに関係機関等（教育委員会、相談機関、警察、地域の協力者など）に連絡し、その対応について協力を求めることが大切です。

4点目は、「教師は、いじめを防止し、いじめに気づき、早期にいじめを解消させる指導力を身に付けておかなければならない。」ということです。

まず、教師は子どものことをよく知っておく必要があります。「子どもに特徴的な心理」

「子どもを取り巻く環境」「子どもの成長・発達のプロセス」などについて理解を深めておくことが重要です。その上で、子どもの生活に関心をもち、一緒に行動したり情報を多く得たりして、子どもの日常生活を知ることに努めます。

教師は、子どもが話しかけてきたことに耳を傾けます。そのためにも、子どもが話しかけやすい雰囲気を醸し出したり、忙しくてもそれを見せないように振舞ったりすることが大切です。当然のことですが、教師としての基本的力量（授業力など）をしっかりと身に付けておくなどして、子どもから信頼され尊敬され頼りにされる教師でなければならないと思います。また、保護者からも信頼される教師であれば、安心して相談されるようになり、いじめに関係した情報が自然に得られるようになります。

研ぎ澄まされた人権感覚を身に付け、いじめに気づく力を身に付けておくことが大切です。いじめに対する意識を忘れるといじめを発見できなくなります。いじめに発展する可能性のある言動にも注意を払います。「両者の関係は対等か否か。」「理由に、正当性はあるか。」は、いじめか否かを見分ける決め手になります。また、いじめられていることを示すサインを見逃さないことです。表現力に乏しい子どもには、特に注意を払う必要がありま す。小さな変化にも気づき、その変化の背景を探ってみることによっていじめに気づくことができるかも知れません。

（6）保護者にも役割と責任が

学校では「いじめてはいけない。」「いじめのない学級を築こう。」などと日ごろから指導していますが、それでも、いじめが発生してしまうことがあります。さらに、学校で起きたことだからという理由で学校が責められてしまうことがあります。

しかし、責任の全てを学校や教師が負わなければならないのでしょうか。いじめが学校で起きていれば、まずは学校や教師が責任を感じてその解消に取り組まなければならないことは言うまでもありません。でも、学校や教師に責任があるとしたら、いじめに気づくことができなかったために適切な指導ができなかった場合や、発見が遅れたり対応が不適切であったりしたために、いじめられている子どもを窮地に追い詰めてしまった場合などではないでしょうか。

いじめの問題には、学校や教師だけでなく、保護者も大いに関わってもらわねばなりません。保護者の責任が問われなければならない場合もあります。いじめの問題は、学校や教師が責任をもってその解消に向けて取り組まなければならないことは間違いありませんが、保護者にもその役割と責任があるはずです。

多くの保護者は、我が子が「いじめられていないか。」と心配をします。しかし、「誰かをいじめていないか。」と心配する保護者はほとんどいません。

そこで、保護者への意識啓発を図るために、保護者会などの機会を利用して、いじめられていないかと心配するだけでなく、「我が子が『いじめたり加害者側に立ったりしていないか。』と考えてみてほしい。」あるいは「『いじめをなくそうとする子どもに育てよう。』と考える親になってほしい。」という趣旨の訴えをすることも必要です。

また、我が子が「いじめられているかも知れない。」と感じたときは、冷静に事態を見つめ、学校（教師）と相談をしながら解決を目指していくよう、保護者に求めていくことも大事です。

2013年9月に施行された法律「いじめ防止対策推進法」の第9条には、保護者の責務等が紹介されています。その要点は「我が子が『いじめ』を行わないように指導する。」

「我が子が『いじめ』を受けたら、『いじめ』から守る。」「学校等が講ずる『いじめ』の防止策に協力する。」という内容です。

このことを多くの保護者はよく分かっていないかも知れません。学校側から「いじめ防止対策推進法」に関する情報を積極的に提供し、保護者に対して啓発していく必要があります。

第五章　生きる

1　大切なものは「命」

（1）明るく元気に生きていこう

4月のある日、3年生になったばかりの女子生徒が学校の屋上から飛び降りました。彼女は、転落した際に樹木にぶつかったこともあり、何か所も骨折をしたものの、幸い命を失うことはありませんでした。自殺を図った理由は人間関係からくる悩みだったらしいと聞きました。私は2学年の学級担任をしていたのですが、自殺を図った生徒やその担任教師のことを思い、心の中が激しく揺れ動いたことを覚えています。

彼女はその後約1年間、入院して治療やリハビリを続けることを余儀なくされました。そして、病院を何度も訪れる校長先生の温かく丁寧な対応もあり、彼女は留年してもう一度3年生として学校生活を送ることになりました。

新年度を迎え、3学年を担当することになった私は、彼女を担任することになりました。当時、自殺を試みて果たせなかった人はかなりの割合で再び自殺を図ると言われていました。彼女がもう一度自殺行為に及ぶかも知れないと聞かされて、彼女を担任する私の頭の中は初めから穏やかではありませんでした。

そのとき、私の心に浮かんだことは、「決して死んではいけない。」「生きていれば楽しいことがいっぱいあることに気づいてほしい。」「生きていく意欲をもってほしい。」という彼女に向けた強い願いでした。彼女がそうした思いを抱くことができるように、「彼女を支えよう。」「励まそう。」「元気づけよう。」などと決意しました。そして、「勉強を頑張らせること」とか「成績を心配すること」などは、「元気に生きていくこと」に比べれば大したことではないと思いました。

毎日、学級で生徒に向けて話すその中身は、「元気に過ごすこと」「明るい未来を描くこと」に絡んだ内容ばかりでした。彼女の顔をいつも見ていたわけではありませんが、私の視野には常に彼女の表情が入っていました。

当時、どの学年にもどの学級にも、学校生活になじめなかったり問題行動に走ったりする生徒が何人かいましたが、あるとき気づきました。それまで叱られることが多く先生方に対しては斜めに構えているような彼らが、時々いたずらをすることはあっても、明るい表情を見せ、素直な言動を見せるようになっていたのです。担任である私が叱る場面も減っていき、学級のまとまりも良くなってきました。

なぜそうなってきたのか、すぐに分かりました。それは、私が自殺を図った彼女に届くよう毎日のように送り続けてきたメッセージが、学級のメンバー全員に伝わり、問題行動を起こしていた彼らの心にも響いていったからだと思います。「元気に過ごすこと」や「明るい未来を描くこと」は、誰もが求めていたことだったのでしょう。このときの学級は、私がそれまで担任してきた学級の中で最高だったと思っています。

私は、自殺未遂の彼女を担任したことを通して、学校や教師の役割に関する大切なことに気づかせてもらいました。それは、学校においては、勉強や成績のこと、集団生活をつつがなく送っていくことなど、取り組むべき様々な課題がありますが、最も大切なことは「明るく元気に生きていこう。」という意欲を持たせることだということです。綿密に計画された教育活動を通して頭や体や心を鍛えていくことも大切ですが、そのことで、生きる意欲を削ぐようなことはあってはならないのです。

（2）命を守る

１９９８年、ある県の中学校の校内で、教師が生徒にナイフで刺されるという、とんでもない事件が発生しました。当時、私は東京都教育委員会に指導主事として勤務し生徒指導を担当していましたので、他県で発生した事件とはいえ、その対応に当たる業務に携わることになりました。

この事件が発生する少し前までは、ほとんどの学校では「学校での活動に必要のないものは持ってきてはいけない。」という決まりを守らせる指導をしていました。その一環として、しばしば持ち込まれるマンガ本やおもちゃや化粧品などを見つけるための「持ち物検査」が、定期的に、あるいは抜き打ちで行われていました。

しかし、その一方で、子どもの人権をもっと尊重していこうということから、学校が定めている規則を見直す取り組みも始まっていました。そのため、子どものカバンを教師が開いて中身を調べるという方法は、子どもの人権が守られているとは言えないとして批判されることもありました。学校で「持ち物検査」を実施しにくくなり、たまたまそうした不用品を見つけたときにだけしか指導できなくなっていました。

そんな折り、この事件は発生しました。ナイフという危険なものが校内に持ち込まれ、しかも、そのナイフによって教師の命が奪われてしまったという衝撃的な事件でした。この事件の問題点の一つは、なぜナイフが校内に持ち込まれてしまったのかということです。学校の活動に必要のない不用品の中に「刃物などの危険なもの」を明示してそうしたものを持ち込まないようにと指導してあったとしても、今回の事件を防ぐことはできなかったかも知れません。教師や子どもの生命を保障するためには、物理的に「刃物などの危険なもの」が校内に持ち込まれないようにしなければならなかったのです。

そこで、再び持ち物検査の実施について検討され、教育委員会から発せられた「持ち物検査の実施に関する通知」は各方面から注目されました。私は、人権の尊重を強く主張している関係者から説明を求められるであろう「持ち物検査の実施」について、その根拠となる考えを用意しました。

それは、「人権を守ることは大切なことです。教師であっても、また指導という名のもとに行われたとしても、子どもの人権を踏みにじることは許されません。しかし、人権尊重を語ることができるのは、その人が生きているからであり、命あっての人権です。人権の保障の前に命が保障されていなければなりません。その命を守るために行われることであれば、『持ち物検査』の実施は許されてよいはずです。」というものでした。

命を奪われるかも知れないという不安を抱えていたら、教師も子どもも安心して教育活動に取り組めるはずはありません。命を守ることは人権を尊重することに優先すると考えました。命を守るために「持ち物検査」が実施されるのだとしたら、人権を保障することを妨げることにはならないと考えました。

（3）自ら命を絶ってはいけない

いじめの問題が大きく取り上げられるようになったのと同時に、自殺の問題も注目されるようになりました。なぜ子どもが自殺という行為に及んでしまうのか、どうしたら自殺行為に走らないようにすることができるのか、大きな課題になりました。
自殺をほのめかす匿名の手紙が文部科学省に届けられることもありました。その手紙に示されたわずかな情報をもとに、自殺を図る前にそれを防ごうとして市街地をパトロールしたこともありました。また、多くの教師が命の大切さについて説き、親をはじめ家族がどれだけ悲しむか、実話を引用して話すなど、自殺の防止について繰り返し指導がなされました。

それでも、日本のどこかで子どもが自殺したというニュースが届き、それを聞くたびに、教師はみな自分が預かっている子どもは大丈夫かと心配しました。特に、夏休みや冬休みなどの長期の休みは子どもの様子を把握しづらくなるので、さらに心配しました。私は、「もし、死にたいと思うようなことがあったときは、必ず電話を掛けてくださいね。」と一言添えて自宅の電話番号を教えたこともありました。

子どもの自殺をどのようにしたら防ぐことができるでしょうか。子どもが自殺しないために、どんな指導をしたらよいでしょうか。
それまで、「命は何よりも大切だ。だから自殺はいけない。」などと、命の大切さを理由にした訴え方をしてきましたが、これには限界を感じました。自殺がいけないのは「命が大切だから」という理屈では自殺を止めることはできないと思いました。しかし、だからと言って、ほかに自殺してはならない理由をあげることはできませんでした。

私は、何の理由も示さず、ただ「自殺をしてはいけない。」と訴えるしかないと考えました。なぜ自殺してはいけないのか、その理由はないと考えました。「どんな辛いことや悲しいことがあっても、自殺してはいけません。」と訴えることにしました。病気や寿命などで自然に死を迎えるまでは「自ら命を絶つようなことをしてはいけない。」と言い切ることにしました。

校長を務めていたとき、こうした趣旨のことを、朝礼で語ったこともありました。「最近、中学生が自ら命を絶ったとか、どこかの校長先生が自殺したとかいうニュースを聞きました。いじめられていた中学生も、大きな責任を負わされた校長先生も、きっと私たちには想像できないほどの辛さがあったからなのだろうとは思います。でも、それでも『死んではいけない。』と思います。

私たちは、誕生日と呼んでいる日にこの世に生まれ、そして、いつか死ぬのです。どんなに長生きしたくても、おそらく80年か90年したら自然に『死』を迎えなければなりません。

この自然にやってくる『死』の時期を迎えるまでは、生き続けなければならないのです。生きていれば、楽しいことばかりでなく、苦しいことに出遭うこともあります。どんなに苦しいことがあっても、それをどうやって乗り越えていくかと必死に考え、時には、様々な人に助けを求めながら、困難を乗り越えていくのが『人生』だと思います。

どんなに辛い状態になっても、まず『どうやって生きていけばよいか』ということを考えてください。苦しいことを解決する方法に『自ら命を絶つ』という方法はありえません。もう一度言います。自然にやってくる『死』を迎えるまで、『自ら命を絶つ』ということを絶対にしてはいけません。」

とても重い話でしたので、「皆さんは、私よりも先に死んではいけません。私は、あと50年以上は生きていると思っています。」と冗談も加えてみたのですが、この話が子どもたちにどのように伝わったことでしょうか。

「どんなことがあっても自ら命を絶つようなことをしてはいけません。」という言葉が、心の中にしっかりと刻まれることを願わざるを得ません。

2　子どもの思いを尊重する

（1）だれの進路か

かつて担任していた男子生徒は、非行グループのメンバーの一人で、度々問題行動を起こしていました。彼は、勉強は苦手でしたが、運動能力には優れていました。野球部に所属して活躍することもあり、顧問の教師からの指導もあって落ち着いた学校生活を送るときもありました。しかし、気が弱く、非行グループのリーダーからの悪影響を受けがちでしたので、問題を起こさないかと心配が続いていました。

卒業後の進路を考える時期がやってきたとき、彼は低い学力でも合格する可能性の高いある高校に行きたいと言ってきました。彼がなぜその高校への進学を望んだのか、私はすぐにピーンときました。その高校には、問題行動を通じてつながっていた先輩がいたからで、その先輩から薦められていたのだと思いました。もし、その高校に通うことになれば、すぐにその先輩と結びつき様々な問題行動に引きずりこまれてしまうことは間違いないと思い、彼の希望を受け入れる気にはなれませんでした。

当時、熱心に活動する野球部は、ある私立高校の野球部顧問から評価され、その顧問は、高校進学後も野球に取り組む生徒を進学させてほしいと言ってきました。学力よりも個々の生徒の能力を伸ばそうとする教育方針からも、情熱が感じられる顧問の先生のことからも、彼にふさわしい高校であると考えました。私は、野球が得意な彼は、先輩を慕って入ろうとしている高校よりも、この私立高校に進学して野球をする生活を送ることが最適と考え、保護者を説得し、彼を野球推薦でこの私立高校に進学させました。

無事に進学して2週間が過ぎたころ、その高校の進路担当の教師から連絡が入りました。彼は、入学式には出席したものの、その後は欠席がちであったため、面接して事情や思いを聞いたとのことでした。そこで彼は、「この学校をやめたい。はじめからこの高校には来たくなかった。決めたのは先生や親だ。」と言ったそうです。彼が「決めたのは先生だ。」と答えたことを知り、私は愕然としました。

私の判断は間違っていたのでしょうか。このまま続けていれば、野球の能力を伸ばしてもらい、悪い誘惑に晒されることもなく、きちんとした生活が送れるという、彼にとって最適な学校のはずです。もし、あの先輩がいる高校に入っていたら、すぐに誘惑に負け問題行動に走ってしまったに違いありません。彼の今後を思うとき、どちらの高校がふさわしいか、その答えは明らかだと改めて思いました。

しかし、彼が退学してしまったことや退学に至る彼の思いを考えたとき、私は決定的な過ちをしていることに気が付きました。そもそも誰の進路だったのでしょうか。親の進路ではありません。ましてや、担任教師の進路でもありません。彼の進路なのです。彼の進路は彼が決めればよいのです。にもかかわらず、彼が言うように、教師や親が決めてしまったのです。

彼は、優柔不断な性格でしたから、中学時代に問題行動を起こしてしまったのも、リーダーの指示に簡単に従ってしまったからでしょう。同じように、自分の進路についても、担任の私や親の意見に明確な拒否もできず、言われたままに決めてしまったのだと思います。

教師は「進路指導」の名のもとに、多くの生徒に進学やその後の人生について指導したり助言したりしています。生徒よりは世の中のことを知っているということで、生徒の思いよりも教師の考えの方が正しいと思って、それを押し付けてしまいがちです。私は、彼の退学の理由を聞いて、進路指導に関する考え方が間違っていたことに気づき、深く後悔しました。

進路を選択するに当たっては、本人の思いを尊重することが大原則です。その思いに対して意見を述べることはあっても、押し付けることは誤りです。それよりも、本人の思いを実現させるにはどうしたらよいか一緒に考え応援する姿勢で臨むことが大切です。

（2）子どもの「今」と「夢」に寄り添う

この男子生徒は、小柄で体力も運動能力も特に秀でているわけではありませんが、野球部に所属し、将来はプロ野球選手になる夢を持っていました。たまたま野球部が練習しているのを見ていたところ、素振りをしていた彼は「先生、この前初めてバットにボールが当たった。」と嬉しそうに語りかけてきました。学級担任も野球部の顧問も、本人には言いませんでしたが、プロ野球選手には絶対になれないと思っていました。卒業するまでに選手として試合に出場することもないであろう彼に、教師は何をしてあげればよいのでしょうか。

自分の能力や実力に気づかせ、プロ野球選手になることは無理であることを言い渡し、彼にふさわしい他の進路を見つけていくように導いていくことでしょうか。

あるいは、彼が将来プロ野球選手になりたいという夢をそのまま受け止め、その夢を実現するためには今どんなことをすればよいか一緒に考えて取り組ませ、それを支え励ましていくという役割を果たしていくことでしょうか。

私は、後者だと思っています。彼がプロ野球選手になれなかったら、それまでの努力が無駄になると考えることもできるかも知れません。でも、もし、なれないとしても、それはある時点で彼自身がそれに気づき彼自身の判断で次の夢を見つけると思うのです。誰かに言われて進路を変えるよりも、自分で気づき、自ら新たな行動を起こしたときは、他人のせいにすることもなく、前向きに進んでいくことができると思います。教師は、その姿を支え励まし、必要に応じて助けてあげればよいのではないでしょうか。

話は変わりますが、子どもは、やりたいことがあると、そのことに熱心に取り組みます。時間が経つのも忘れ、疲れることも知らず、黙々と頑張ります。その姿は充実感に溢れています。何かのためにそのことに取り組んでいるということではありません。そうすることによって親に褒められるから取り組んでいるというわけでもありません。子どもは、やりたいことが見つかると夢中になって取り組みます。そうしているときは、おおげさに言えば無我の境地にあり、幸せすら感じているように見えます。

しかし、こうした子どもの姿を見て、親や教師はどのように受け止めるのでしょうか。勉強や成績に差し支えるのではないかと心配をしたり、このエネルギーを勉強や習い事に注いでくれたらと願ったりするかも知れません。

親や教師は、人生経験をもとにして、子どもの今の姿から将来はどのように成長していくかを想像します。そのため、子どもが夢中になって取り組んでいることが将来のためにならないと思ったときは、それを止めさせようとします。子どもにも将来のことを考えさせて、そのために今すべきことを示し、それをやらせようと仕向けることもあります。今このようなことをしていたら将来困ることになると脅かすような迫り方をすることもあります。

子どもの活動が明らかに良くないことと判断したとき、それを止めさせるというのは大人の務めに違いありません。子どもは大人になったことがないのですから、大人の判断の方が正しいことが多いかも知れません。だからと言って、子どもが夢中になって取り組んでいる活動が将来のためには無駄なことであると誰も言えないはずです。その活動が本当に良くないことかどうかの判断は慎重に下す必要があると思います。

私は、「今日は、明日のためにあるのではない。」と思っています。もし、「将来のために、今の生活がある。」というのであれば、「将来が目的」で「今が手段」という関係になってしまいます。しかし、「今の生活」は「将来の生活」のためにあるのではないのです。「今日」や「今の生活」を、「明日」や「将来の生活」のための手段であると考えるのは間違っているのではないでしょうか。「将来のためだから」という理由で、やりたくないことにも我慢して取り組ませることが果たして正しいことなのでしょうか。

意欲的に取り組みたいことがあれば、そのことに取り組ませて充実感あふれる時間を過ごさせ、気持ちの良い達成感を味わわせる、そうした体験をさせることが重要です。

親や教師は、充実感あふれる時間を過ごしている子どもたちに寄り添うようにして支えたり励ましたりすべきです。

達成感を味わう体験ができれば、将来への夢も描くことができるようになるのではないでしょうか。

充実した「今」が続いていくことによってこそ、素晴らしい「将来」を得ることができる（そのときは、充実した「今」になっているはず）のです。

3　いかに生きるか

ただ漠然と生きているのではなく、自分なりの生き方や在り方を探し求めながら充実した日々を過ごしていきたいと思っています。子どもたちにも、その発達段階に応じて、毎日をどう過ごし、どんな人でありたいか考えさせたいと思っています。人としてどう生きていけばよいのか、自身の生きざまを見せながら、子どもたちに語れる教師でありたいものです。

卒業式の日に、ある生徒から「先生、何か心に残る言葉を書いてください。」と声を掛けられ、渡された色紙に「明るく強く優しい人に」と書きました。

これは、生徒たちに「こんな人になってほしい。」という願いを込め、折りに触れて語ってきた言葉です。

（1）明るく生きよう

子どもたちには「明るい人になってほしい。」と願っています。

「明るい人」とはどんな人を指すのでしょう。ちょっとしたことでもゲラゲラ笑ったり、面白い話をしてみんなを笑わせたりするような人でしょうか。そもそも「明るい人」は、なぜ明るい姿を見せられるのでしょうか。一方、暗い感じの人は、なぜそうなってしまうのでしょう。どうなったら明るくなれるでしょうか。

明るく過ごせるかどうかは、これからのことや明日のことを前向きに考えられるかどうかにかかっていると思います。

明日を待ち遠しく思える人は、明るい気持ちになれるのではないでしょうか。今日はできなかったことが明日はできるかも知れないと思えれば、明るくなれると思うのです。

明日は今日より楽しいことがあるかも知れないと考えられれば、明るくなれると思います。

目標とか夢とかを描ける人は明るくなれるのではないかと思います。

要するに、「明日がある人」は明るい人になれるのです。

余談になりますが、以前、歌い出しが「明日という日は、明るい日と書くのね。あなたとわたしの明日は明るい日ね。」で始まる歌が流行したことがありました。アン真理子という歌手が作った歌詞だそうですが、明日のことを考えられれば明るくなれると思っていた私の気持ちにぴったりの歌詞でしたので、強く心に残りました。

「明るい生徒であってほしい。」と言葉に出したり、学級目標に掲げたりして、そうした生徒を育てたいと願いながら日々教育実践を重ねてきました。

　ところが、問題行動を重ねていた生徒のグループと話していたとき、彼らは明るい明日のことなど考えられないでいることを知りました。私は彼らに「こんな毎日を過ごしていたら、将来困ることになるぞ。」と日ごろの生活を改めるように迫りました。するとリーダー格の生徒から、「先生さあ、俺たちは将来や明日のことなんか考えちゃいなんだよ。明日、死んじゃうかも知れないじゃない。だったら、今、楽しいことをやってた方がよいに決まってるさ。」という答えが返ってきました。私は、彼らには「将来を描くことができず、明日がないのだ。」ということに気づきました。

　それまでは、数か月後に出る成績や高校受験、将来の人生のことなどを持ち出して、「今、どういう時間を過ごしたらよいか考えてみなさい。」と言って毎日の生活を充実させようと指導してきました。しかし、明日や将来のことを描けない生徒には何の意味もない説教だったかも知れないと思いました。

　ただ、彼らが、今、楽しい時間を過ごしているとも思えませんでした。そこで、「今、楽しいことをやってた方がよい。」と言った彼に、「たばこを吸ったりタムロしたりしてて、それが楽しいの。」と尋ねてみました。案の定、彼はやや険しい表情を見せるだけで返事は返ってきませんでした。彼らは今も楽しくないのです。今の過ごし方に充実感など味わうことはできていないのです。

今、充実した時間を過ごすことができなければ、明日を待ち遠しく思えるようにはなりません。まず彼らがすべきことは、「やりがいのある『今』」という時間を過ごすことです。でも、明日や将来のことが描けない彼らに、どうやったらそうした時間を過ごさせることができるでしょうか。それには、何か意欲的に取り組めることを見つけさせ、失いかけている自信を取り戻させることしかないかも知れません。

子どもたちが明るい未来を描くことができるようにするためには、今、夢中になって取り組める何かを見つけさせ、充実感や達成感を味わわせることが必要です。

そうした「今」に繋がる「明日」に向けて期待を抱くことができる子ども、すなわち「明るい人」を育てたいものです。

(2) 強く　たくましく

子どもたちには「強い人になってほしい。」と願っています。

「強い人」とは、人に対して強い人、相手を打ち負かしてしまう人という意味ではありません。親によっては、幼いころに弱々しかった我が子に対して、誰にも負けるんじゃないと発破をかけながら育ててきたかも知れませんが、そのようなことでもありません。「強い人」とは、取っ組み合いのけんかをして勝ったときのように、相手に対して強い人ということではありません。

「強い人」とは、自分の心の中に「強さ」を秘めている人です。

心の中に潜んでいる「弱い自分」や「怠けがたる自分」あるいは「易きに流れようとする自分」に負けることなく、苦しいことにも耐えて頑張れるような人が「強い人」です。「ちゃんとやろうとしている自分」や「正しいことを貫こうとする自分」が、「怠け者の自分」や「悪い誘惑に惹かれそうになる自分」に打ち勝つことができる人です。「たくましい人」と言ってもよいかも知れません。

しかし、時代の流れとともに、子どもたちにそうした強さやたくましさがあまり見られなくなってきたと感じています。例えば、ハイキングに出掛けたときや、長い距離を走るときなどに、すぐに「疲れた。」とか「もうダメだ。」などと口にする子どもたちが目につくようになりました。大したことでもないのにそれに我慢できない子どもたちや、その活動に興味があったとしても長い間集中できない子どもたちも少なくありません。何かに取り組むときや、何かに挑戦しようとする場面では、失敗をしたときのことを恐れ、初めから尻ごみをしてしまうという子どもたち、つまり、傷つくことを心配する子どもたちが増えてきたように思います。

ほかにもあります。「友達に何か言われた。」とか、「大人から注意を受けた。」というような場合でも、その内容がそれほどでもないのに、すぐ落ち込んでしまう子どもたちが目立ちます。そのため、叱らなければならなかったり、強く励まさなければならなかったりする場面では、そのときの言葉遣いや態度には十分に気を付けなければならなくなってしまいました。

なぜ、子どもたちは年々弱くなってきてしまったのでしょうか。なぜ、たくましさが見られなくなってきてしまったのでしょうか。

それは、社会や時代の変化を背景にした、私たち大人による育て方にも原因があるのではないかと思っています。そういう子どもたちが育つようにしてきてしまったのです。

子どもたちが弱くなってしまった理由の一つは、安心して子どもを外出させられない環境のためかも知れません。交通事故に遭う心配、不審者による被害の心配、地震や風水害などの自然災害による心配など、子どもの安全や安心を脅かすことが増えています。

親をはじめとする大人は、まず、そうしたことから「子どもを守ること」に徹しなければならなくなり、「たくましく育てる。」とか「心身を鍛える。」というようなことが、できにくくなってしまいました。

二つ目の理由は、強い体に鍛えることがしにくくなっているということです。子どもたちは、「すぐに風邪をひく。」「簡単に骨折をする。」「すぐに疲れる。」など、体力的にも弱くなってきていると感じますが、だからと言って鍛えることが難しくなってきています。なぜなら、インフルエンザなどの感染症が今まで以上に流行し、鍛えることより罹らないことに留意しなければならなくなったことも理由の一つです。

感染防止のために石鹸やアルコールを使っての手洗いが励行されるようになりましたが、

そのために、一般的な雑菌に対する免疫力もつかなくなってしまった可能性も考えられます。エアコンが普及して快適な生活ができるようになりましたが、自ら体温を調整する能力が磨かれることがなくなりました。

そもそも、人間の体は、環境に適応する能力を備えています。もともと病弱な一部の子どもを除けば、環境の変化や病気に負けない抵抗力がつくように鍛えることが可能だと思います。でも、そうすることがやりにくくなってしまっているのです。

理由の三つ目は、こうした環境の中で子どもたちの生活の仕方も変わり、「鍛える」ということを意識して育てることが難しくなってきたということです。子どもたちの世界を見てみますと、「子どもに判断させたり責任を負わせたりする機会が少なくなっている。」「子ども自身が自分で決める場面が少なくなっている。」「子どもが鍛えられる機会が少なくなっている。」という状況にあります。そのため、結果として、「自立心を育てることが難しくなっている。」と言えるのではないでしょうか。

また、子どもたちは、「やりたいことを、やりたいだけやる。」という過ごし方ができなくなっています。私が幼いころは、時間が経つのも忘れ夢中になって遊びまわり、帰宅が遅くなって親に叱られたことが度々ありました。でも、今の子どもたちは、いつも時間のことを気にしながら活動しています。子どもたちは「時間に縛られた生活を送っている。」ように感じます。「時間を忘れるほど、夢中になって遊ぶような体験がしにくくなっている。」と思われます。子どもたちには、「夢中になって何かに取り組む経験」「時間が過ぎていくのを感じない『またたく間』体験」というものが必要だと思っているのですが、このことができにくくなっています。

子どもたちが弱くなってきています。たくましさが見られなくなってきています。その背景には、子どもたちが育っていく環境に大きな原因があることは容易に想像がつきます。子どもたちに責任はありません。

でも、このままでよいわけはありません。子どもたちには「強い人になってほしい。」と願わざるを得ません。

子どもたちには「優しい人になってほしい。」と願っています。「優しい」とは、「おとなしい」という意味ではなく、「弱々しい」というイメージでもありません。

(3) 優しい人に

「優しさ」とは、人のことをその人の立場に立って考え、その人を大切に思う心です。そうした思いにそった行動ができる人が「優しい人」です。

高校受験が始まったころのことです。私立高校の合格発表があった翌日のことでしたが、廊下に立っていた私のもとに、二人の男子生徒が近寄ってきました。このとき、私はどんな態度でどんな言葉を掛けたらよいか迷いました。なぜなら、私はすでに、二人（A君、B君）は同じ高校を受験し、A君は合格でB君は不合格だったことを知っていたからです。一人だったら、A君には喜んであげられるし、B君には次があると励ましたはずでしたが、その二人が一緒にやってきてしまったのです。

何と言ったらよいか困っていると、B君が明るい声で「先生、こいつ（A君）合格したよ。」と私に言い、それを聞いたA君はニコッとしただけであまり喜ぼうとはしませんでした。二人の気持ちは瞬時に理解できました。A君は、本当は大声を上げて合格の喜びを知らせたかったに違いないのですが、B君のことを考えて何も言えないでいたのです。一方、B君は、不合格の自分のことを気遣っているA君は私の前で喜びを表すことはできないだろうからと、A君に代わって合格を報告してあげたのです。二人はお互いに相手の立場や気持ちを理解しようとしていたからこそ、私の前でこんな素敵な場面を作り出したのだと思います。

次に、「家族の愛がいっぱいのお弁当」という心温まる家族の話です。

母親は、勤めのため朝早く家を出る毎日であり、日ごろは、祖母が孫（中学3年生）の朝食を用意していました。入試の日、母親は、この日ばかりは何とかしたいと思い、勤め先に無理を言って、朝1時間だけ休みをもらいました。それは、試験に向かう息子に自分が作ったお弁当を持たせてやりたいと思ったからです。弁当のおかずは「試験に勝つ」という験（げん）を担ぎ、カツを用意しました。ところが、祖母も、おそらく母親は忙しく弁当どころではないだろうと、密かに、しかも母親と同じように験を担いで、カツを買ってきました。カツがいっぱいのお弁当ができあがったことは言うまでもありません。

母親は、受験生の息子のことを考えて素敵な弁当を作りました。祖母は、母親を気遣い孫のために特別なおかずを用意しました。母親や祖母の愛に包まれて、この受験生は何と幸せ者でしょう。優しさに包まれた息子（孫）の心は、優しさでいっぱいになり、いつかきっと多くの人に優しい思いを掛けられるようになることでしょう。

続いては、合唱コンクールの閉会式が行われたときに、生徒たちが見せてくれた優しい心配りについての話です。

「終わりの言葉」を担当していた男子生徒は、閉会式が始まる直前まで、舞台裏で「緊張する。」と呟きながら、考えてきた挨拶のメモを何度も読んで練習をしていました。しかし、いざステージに立った途端、言葉が出てこなくなってしまいました。思い出そうとしても焦るばかりで頭の中は真っ白になってしまいました。止むを得ずポケットからメモを取り出して話す内容を確認し、やっとのことで「終わりの言葉」を言うことができました。

ステージに立ったものの挨拶の言葉が出てこなかったとき、客席の生徒たちからはざわめきが起きました。しかし、彼が困っていることが分かると、すぐに静かになって彼を見守り、会場全体が「頑張れ」という雰囲気に変わりました。

以前、誰かが失敗すると、それをからかい、冷やかし、その人を益々困らせる、そういう場面を見たことがあり、とても嫌な腹立たしい思いをしたことがありました。でも、今回は、困っている仲間を見守り支え助けることができる優しさを強く感じました。

「優しさ」とは、人のことをその人の立場に立って考え、その人を大切に思える心です。全ての子どもたちが、相手のことを思いやることができる優しい人になってくれたら、学級も学校も温かい雰囲気に包まれると思います。

子どもたちが卒業して社会人になってからも「優しい人」であれば、温かさが漂う世の中が生まれるかも知れません。

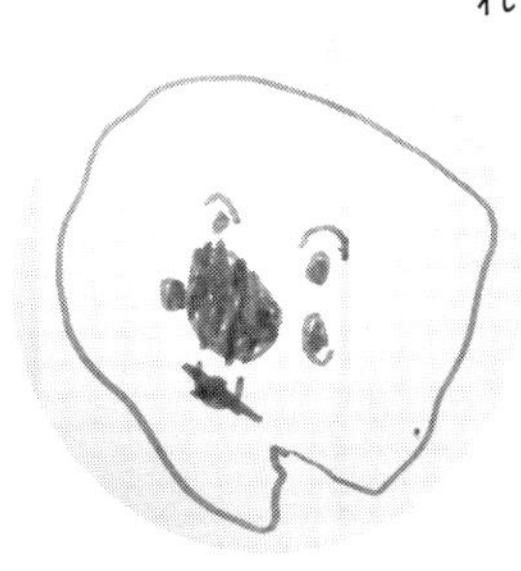

第六章　教育雑記

1　ウィルスに負けたくない

２００３年、「ＳＡＲＳ（サーズ）」がアジアを中心にして大流行しました。幸い日本人に感染者が出ることはありませんでした。しかし、外国からやってきた観光客の団体が京都や大阪を訪問して帰国した後、その中の一人がＳＡＲＳを発症してしまいました。観光客が帰ったあとの訪問先では感染を心配して消毒をするなどの対応をしましたが、潜伏期間に相当する日数が経たなければ安全宣言を出すことができませんでした。

私が校長をしていた中学校では、この時期に関西方面へ向かう修学旅行を計画していました。ＳＡＲＳを発症した人を含む観光客の団体が訪れた嵐山やＵＳＪ（ユニバーサル・スタジオ・ジャパン）は、修学旅行での訪問先と重なっていました。修学旅行に向けて出発する日は、潜伏期間が過ぎて安全宣言が出る日でしたが、生徒や保護者の不安を完全に拭うことはできませんでした。そのため、実施するかどうか判断に迷いましたが、教育委員会との連絡体制も十分に整えて予定通り出発し、無事に帰ってくることができました。もし、出発日が一日早かったら、生徒が楽しみにしていたＵＳＪは諦めるしかなかったかも知れません。

続いて、２００７年には「麻疹（はしか）」が、２００９年には「新型インフルエンザ」が流行しました。私が勤務していた学校でも、そのために大きな影響を受けました。

感染症はウィルスによってもたらされ、そのウィルスは完全に消滅することなく、また、姿を変えて新たな感染症を引き起こすと言われています。

今後も感染症が発生することを避けることはできないと思います。これからも感染症の流行によって学校教育が大きな影響を受けることでしょう。そのことを覚悟して、どう対応していくか常に考えておく必要があります。

感染症の流行に際して、どのように対応すべきでしょうか。この間の経緯を記録に残し、今後、同様の事態を迎えてしまったときの参考に供したいと思います。

（1）はしかに苦しめられて

2007年に「麻疹（はしか）」が流行し、学校も生徒も大変な苦労を強いられました。生徒や保護者が楽しみにしていた運動会も、一旦は中止せざるを得なくなりました。

それは、5月中旬に実施した修学旅行中に起きました。旅行の2日目は3年生全員が班行動で京都市内を見学していたのですが、女子生徒の一人が発熱と発疹が出てきたことに気づきました。連絡を受けた教師は医療機関を受診するように指示し、その結果は、麻疹を発症したとのことでした。

校長の私は、本部を置いていた旅館のロビーでその報告を受けました。班行動による京都市内見学を見守るための本部は、麻疹対策本部となってしまいました。麻疹は空気感染し、その感染力は強力であることを考慮して、旅館には、生徒が宿泊している部屋から離れたところに保健室を特設してもらい、戻ってきた彼女を寝かせました。本部を担当していた数名の教師は手分けして、発症した彼女に対する看病とともに、他の全生徒に関する予防接種や罹患の状況を確認するなどの対応に着手しました。

彼女の保護者には電話で麻疹を発症したことを連絡しましたが、母親は外国籍の方で、麻疹や予防接種のことを尋ねてもよく理解できませんでした。しかも、父親にも知らせてほしいと依頼したものの、なかなか連絡がとれないでいました。

特設してもらった保健室に寝かせていても、館内のエアコンが利いていれば、全室にウィルスが拡散してしまうということなので、他の生徒が罹らないようにするためには彼女を完全に隔離しなければなりません。そのため、できるだけ早く自宅のある東京に帰す必要がありました。しかし、感染のことを考えると新幹線などの公共交通機関を利用して帰すわけにはいきません。どうしたらよいか思案に暮れていたところ、父親と連絡がつき車で迎えに来てくれることになりました。父親はその日の夜中に旅館に着き、休む間もなく娘を車に乗せて東京に帰って行きました。翌朝早く、学校の近くで開業している校医に電話を掛けて経緯を報告し、その生徒の診察をお願いしました。

生徒の一人が修学旅行中に感染力の強い麻疹を発症するという事態は、思ってもみなかったことでした。父親の協力によって本人を東京に帰すことができましたが、それができなかったら、どんな方法が考えられたのでしょうか。実は、父親と連絡がつかなかった時点で、私は、レンタカーを借り自分が運転して送り届けるしかないと覚悟していました。もし、麻疹の発症をあらかじめ想定できていたとしたら、どんな備えをしておく必要があったのでしょうか。

さて、麻疹の発症は、彼女一人だけで終わりませんでした。修学旅行から帰って数日後、新たに数人の感染者が出ました。その生徒たちは、京都に向かう行きの新幹線で、旅行中に発症した彼女の近くに座っていた3年生でした。さらに数日後、今度は1年生や2年生を含む数名の吹奏楽部員が発症しました。部員である3年生の一人が感染していたことに気づかず、音漏れを防ぐために締め切っていた音楽室で吹奏楽部の活動をしていたことから感染してしまったと考えられました。

麻疹は、感染してから発症までの潜伏期間は約7日間で、その間は自覚症状がないにもかかわらず感染力をもっています。そのため、自分が感染していることが分からず、その間にも人に感染させてしまうのです。実際に、およそ1週間ごとに学年を問わず次々と新たな感染者が増えていってしまいました。

こうした状況の中で、6月中旬に実施予定の運動会の日が近づいてきました。そこで、近隣の小学校の関係者には来校を遠慮してもらったり、保護者や家族には、免疫のない方の見学や応援は自粛してもらったりするなどの感染防止対策をとりました。

しかし、運動会の前日になって教育委員会から電話で「運動会は中止するように。」との指示を受けました。夕刻、各担任から電話連絡網により各家庭に運動会の中止を知らせました。電話連絡の内容には中止の理由として「教育委員会からの指示により」という一言を加えたからだと思われますが、ある保護者は、教育委員会に抗議の電話を掛け、翌朝、学校に説明に来るよう求めたとのことでした。

運動会が中止になったその日は通常の授業を行うことになっていましたので、生徒はその準備をして登校しました。私は放送で、各教室に集まっていた全校生徒に向けて中止になったいきさつを説明し、運動会が出来なくなってしまったことを詫びました。

放送を終えてまもなく、教育委員会から担当課長が2名来校し、昨夜に抗議の電話を掛けた保護者を含む3名とともに、校長室で会議が始まりました。会議といっても保護者から教育委員会に向けた抗議が中心で、その内容は「校長は感染拡大防止に向けできる限りの対策をとっている。生徒が楽しみにしている運動会を中止する必要はない。仮に見学や応援にきた者が感染したとしてもそれは自己責任だ。」というようなものでした。

運動会中止後も大きな問題が残されていました。それは、運動部は3年生が出られる最後の大会を迎えていたにもかかわらず、参加が危ぶまれる事態になってしまったことです。麻疹が流行している本校の生徒と対戦した他校の生徒にも感染する可能性があると指摘され、そのために出場を認めてもらえないかも知れないということになってしまったからです。

このころ、多くの生徒は麻疹の予防接種を一度はしていましたが、二度接種しないと免疫は完全に定着しないと言われていました。もう一度受ければいいのですが、接種には一万円近くの費用が掛かるということでしたので、簡単に保護者に負担を強いることはできませんでした。でも、これまで熱心に練習に取り組んできた3年生に出場の機会を保障するためには2回目の接種をするしかありません。そこで、すぐに教育委員会や校医にかなり無理なお願いをして、出場予定の3年生に二度目のワクチン接種をし、その結果、出場を可能にすることができました。

ところで、感染者が増えていったころ、どんな対策を講じればよかったのでしょうか。一つには、全校生徒を対象に二度目のワクチンを接種することが考えられました。このことを関係機関に打診をしたところ、まずは休校することを提案されました。新しい感染者を出さないためには最も効果のある対策だと思いましたが、運動会の中止や授業の遅れなど教育活動が大きく停滞することを考えると休校には踏み切れませんでした。幸い、麻疹を発症して重症化する生徒はいなかったのですが、もしそうでなかったとしたら、休校措置をとらなかったことを後悔したに違いありません。

麻疹の流行により教育活動は厳しいダメージを受け、この状況を乗り越えるための苦労は甚大でとても辛いものがありました。

目に見えないウィルスに対しては無力に近いと思い知らされましたが、できることもあります。それは、感染の流行を最小限に食い止めるための方策をとることです。また、苦情や心配ごとに関することなど、感染症の流行に付随して起きる問題については、適切に対応することで解決することができます。

（2）新型インフルエンザが流行

新型インフルエンザが流行したのは２００９年のことでした。5月ごろ、関西方面で感染者が確認され流行する心配が出てきました。

私が勤務していた学校では、京都・奈良方面への修学旅行を6月に予定していましたが、旅行先で感染する可能性があるため、市内の他の数校の中学校とともに中止することにしました。

改めて時期を替えて実施するためには、新幹線など交通機関や旅館の確保などの問題を解決しなければなりませんでしたが、関係者の努力によって9月に計画し直すことができ、無事に実施することができました。

一方、新型インフルエンザの流行は、関西方面から関東方面へと移ってきました。夏休みが終わるころ、同じ市内の中学生が感染したとの知らせを受け、近いうちに本校にもやってくることは覚悟していました。新学期が始まってすぐに、生徒の一人がインフルエンザを発症し、それから一人二人と増えていきました。検温、手指の消毒、うがいを励行させ、教室の換気をこまめに行わせました。感染してしまった生徒は、その当時の決まり通りの日数を休ませ（「出席停止」扱い）、感染者の人数によって学級閉鎖を行うなどの対応を続けていきました。それでも、感染者は次々と増えていき、累計すると、全校生徒の半数以上が感染者になってしまいました。

秋が深まってきたころ、本校での最大の行事である学級対抗形式の合唱コンクールが近づいてきました。各学級とも欠席者がいて全員が揃わなくても練習を続けました。学級閉鎖をした学級では、解除された後も、その間の遅れを取り戻そうと必死に練習しました。この状態をそのままにしておいては、満足に練習ができずに焦っている生徒たちを追い詰めることになりかねないと思い、コンクールを中止するという苦渋の決断をしました。予約してあった会場のキャンセル料は払わなければならないと覚悟していましたが、3月に同じ会場を使用するということからキャンセル料の支払いは免れることができました。

新型インフルエンザの流行により、本校の教育計画は大きく変更を強いられてしまいました。学校行事の実施を遅らせたり、集会は放送で行ったり、部活動を制約したり、生徒たちは辛い期間を過ごさざるを得ませんでした。

感染症が発生すると、流行の拡大防止に向けた対応にどれだけ努めても、それを止めることは簡単なことではありません。ひたすら、その収束を願うしかありません。

ウィルスは常に変化をしているとのことですから、これからも新たな感染症に見舞われるかも知れません。

その覚悟を持ちながら、生徒たちの命と健康を守り教育活動を円滑に進めていくという大きな課題に立ち向かっていかなければなりません。

（3）禍が転じて絆が深まる

麻疹が流行したときは、生徒たちも学校も散々な目に遭いました。特に運動会を中止せざるを得なくなったときは、涙が溢れそうになるほど辛い思いをしました。でも、その辛い思いを消し去るような感動的な出来事も起きました。

運動会が中止になったその日の朝、校長の私は全校放送により、そのいきさつを気持ちを込めて次のように説明しました。

「おはようございます。本来ならば、まもなく始まる開会式に向け椅子をもって外に出ていく時間だったかも知れません。あるいは、運動会での勝利をみんなで誓い合ったり気合を入れ合ったりしていたときだったかも知れません。ところが、急に、あまりにも急に中止ということになってしまいました。きっと皆さんはガックリとされていることでしょう。ごめんなさい。本当にごめんなさい。

どうして中止ということになってしまったのか、なぜ急にそうなってしまったのか、これから説明をします。理由は、はしかという病気がはやり、それがなかなか収まらなかったからです。運動会が中止になった原因は、はしかの流行です。（途中省略）

教育委員会から、『はしかの流行が収まっていない状況で、校外の人もたくさん集まる運動会を実施することはできません。中止してください。』と強く指示されました。皆さんのことをよく理解してくださっているはずの教育委員会の方々も、様々な方面から指摘を受け、深く悩み迷った末の指示だったと思います。（途中省略）

皆さんは、信じられないような気持ち、がっかりした気持ち、やりきれない気持ちなど、複雑な気持ちで、私の話を聞いてくれているのだろうと思います。昨日までの、あの練習に向かう皆さんの真剣な態度、迫力に溢れた態度、輝いている表情、先生たちはみんな、今年はすごいと褒めてきました。最高に素晴らしい運動会になると信じていました。（途中省略）

今、私が最も心配していることは、皆さんが沈みがちな気持ちを奮い起こしてくれるだろうかということです。皆さんは頑張ってきただけにがっかりもしたことと思いますが、皆さんの底力は、こんなときにこそ本当に試されるものと思います。お願いします。気持ちを切り替えて、前を向いて頑張ってください。お願いします。（途中省略）

今回の運動会の中止は、誰のせいでもありません。中止になったのは、はしかの流行のためです。がっかりしている人や力が抜けてしまったという人もいるかも知れませんが、一人一人が力を合わせて、この辛い状況を乗り切ってください。お願いします。最後に、皆さん、運動会が中止になってしまって、ごめんなさい。」

生徒は各教室で放送を聞き、話した内容をきちんと受け止めてくれました。放送を終えたあと、ある女子生徒は校長室にやってきて「校長先生、泣いていたでしょう。」と私に話しかけてきました。泣きながら話したつもりはありませんが、心の中では確かに泣いていたかも知れません。そうした思いがこの彼女には伝わったのだと思いました。

こんなこともありました。教育委員会の指示もあって運動会を中止したのですが、このことに対して数人の保護者が教育委員会に激しく抗議しました。そのため、担当の課長が2名来校し、校長室でその保護者の訴えを聞くという場が設定されました。保護者の抗議の矛先は教育委員会に向けられ、校長の私は何も責められることはありませんでした。

ところが、驚いたことに、数人の男子生徒が、いざとなったら校長室に入ろうと廊下で待機していました。彼らは、校長室で会議が行われているのを、私が教育委員会から叱られていると思い込み、場合によっては私を助けようと考えていたのです。いつもは乱暴で問題を起こすこともある彼らでしたが、このように私と心が通っていることを嬉しく思いました。

また、こんな素敵な心の交流もありました。運動会が中止になって数日後、隣接する小学校のある児童（3年生）から私を励ます手紙が届きました。私の姿を表す絵も描き添えてありました。

手紙が届いた経緯は、次の通りです。運動会の中止を説明した放送を聞いた女子生徒の一人が私の思いを感じとり、家に帰ってからそのことを家族に話しました。それを聞いていた小学生の弟が私を励まそうと思って手紙を書いてくれたのです。

「うんどうかいが中止になって先生はがっかりしてるとおもうけど、その日だとぼくはようじがあっていけなかったから、ちょっとよかったです。こんどやるときは見にいくね。先生も元気だして、いろいろがんばってください。この前ぼくはうんどうかいで1ばんになったから、おねえちゃんもリレーのせんしゅで1ばんになってくれたらいいなと思います。先生が元気になってくれるように、うんどうかいの絵を書きました。

○○小　3年生　○○△△」

会ったこともない小学生から励ましの手紙をもらい感激しました。私は、この小学生に会ってお礼を言いたいと思い、小学校に出掛け、校長先生にお願いして呼び出してもらいました。校長室にやってきた彼は、ちょっとはにかんで私と握手をしてくれました。

中止になった運動会は、延期して9月に実施することができました。他の行事との関係で休日開催は難しく平日に行いましたので、小学生は見に来ることはできませんでした。でも、私に励ましの手紙をくれた小学生は、校長先生が特別に連れてきてくれましたので、来賓席のテントの中で私と一緒になって競技する中学生を応援しました。

2　子どもの心に響かせたい

(1)　足を踏まれた人　足を踏んだ人

ある朝、通勤電車の中で、ハイヒールで足を踏まれるという痛い目に遭いました。電車がカーブに差しかかり、ちょっと揺れた瞬間、隣りに立っていた女性がバランスを崩したため、私の足の甲は女性が履いていたハイヒールの踵で踏みつけられてしまいました。大きな悲鳴をあげたいほど痛かったのですが、周囲の乗客のことを考え、顔をゆがめたものの声を出すのは我慢しました。痛みが激しく、しばらく足の指の付け根がズキズキしていました。

踏まれた直後は、痛みとともに反射的に怒りの感情が湧いてきました。その感情はすぐに鎮まりましたが、代わってなぜか腹が立ってきました。それは、私の足を踏んだ女性が「あっ、すいません。」と小さな声で言っただけで、私が痛みをこらえていることを少しも気遣ってくれなかったからです。「あなたは、私の痛みが分からないのか。」と心の中で怒鳴っていました。もしかしたら、激しい痛みをこらえていたことに気づかなかったのかも知れません。でも、ハイヒールの踵で踏まれたらどれほど痛いかを想像することはできたはずです。そのことを察して心のこもったお詫びの言葉を言ってほしかったのです。

私はこのとき思いました。踏まれた人は痛くても、踏んだ人は痛くないのです。私の足を踏んだ女性はどこも痛くはないのです。しかも、人の足を踏んだことなど、いつまでも覚えているはずもありません。でも、踏まれた私は、そのことをいつまでも忘れることはありませんでした。

このことと似ていることが、日常生活の中でも起きています。それは、言葉によって心を傷つけられる人がいれば、傷つける人もいるということです。何気なくおしゃべりをしているときにも、相手の心を傷つけてしまうような言葉が飛び出してしまうことがあります。例えば、努力しても簡単に変えられないような性格のこと、体に関すること、人には絶対に言ってほしくないこと、そういうことを言われたら、グサッと心が傷ついてしまいます。

しかし、そうした言葉が出てしまった理由を聞くと、「何気なく言った。」「冗談で言った。」「軽い気持ちで言った。」などと返事が返ってきます。言われた方は、心が傷つくほど嫌な一言でも、言った方は、相手がそれほどまでに傷ついているとは気が付いていません。傷つくようなことを言われた人は、いつまでも心に残りますが、言った人は、指摘されなければすぐに忘れてしまうのです。

言葉や暴力によって痛みを加えた人が、加えられた人が味わった深い痛みに気づかないということは、あってはならないと思います。

常に相手の気持ちを察することができる人ならば、相手に傷つけることをするはずはありません。うっかり相手を傷つけてしまったとしても、相手が受けた傷の痛みを理解して心から詫びることができます。

子どもたちの世界でも、しばしば相手の心を傷つけるような言葉が飛び交っています。相手のことを思う優しさがあれば、心を傷つけるような言葉を意図的に使うことはないはずです。傷つけられた相手の気持ちを理解することができれば、たまたま使ってしまったときにも素直に謝ることができるはずです。

ある日、私は子どもたちに向け、こうした思いが伝わることを願いながら心を込めて語りました。ハイヒールの踵で踏まれた体験談を、絶好の話題として取り上げたことは言うまでもありません。

(2) なぜ勉強するの

ある日、かつて私が担任していた生徒から電話が掛かってきました。

彼は名前を名乗ったあと、いきなり「先生、俺、困っちゃった。」と呟きました。彼はもう二十歳代半ばの青年ですが、中学生だったころは勉強が苦手で怠けてばかりいました。教師を困らせるような問題を起こしたこともありました。でも、友だちには優しく愛嬌のある生徒だったので、誰からも好かれ、教師からも可愛がられていました。

私は、何を困っているのか尋ねました。すると「子どもができたんだ。」という返事が返ってきました。彼が同級生と結婚していることを風の便りに聞いていた私は、即座に「それはおめでとう。」と言ってから「困ることではないじゃないか。」と続けました。

しかし、彼からは予想外の答えが返ってきました。「子どもが生まれるのは嬉しいけれど。」「俺、今まで勉強してこなかったから、親らしいことができないんじゃないかと心配になってきちゃって。」「子どもが段々大きくなっていって、いろいろなことを聞かれても教えられないと思う。」「俺、ちゃんと勉強しておけばよかった。」と、時々言葉を詰まらせるようにして語りました。

彼は、この年齢になって、親になるためには勉強が必要であることを悟り、勉強を怠けてきたことを後悔したのでした。このとき、「勉強は何のためにするのか。」と聞けば、彼は「親になるため。」と答えたことでしょう。

私は彼に、「これからでもその気になれば勉強はできるよ。」「君は、とても優しい心の持ち主だ。きっと良い子が育つよ。」などと慰めか励ましか分からないような言葉を掛けるしかありませんでした。そして、心の中で、彼の中学生時代に、もっと強く「勉強しなさい。」と言ってあげればよかったと悔やみました。

これまでに何人もの生徒から「もっと勉強しておけばよかった。」という後悔の言葉を聞かされてきましたが、「勉強などするんじゃなかった。」と嘆いた生徒には一人も出会っていません。

なぜ勉強するのか、その答えは「親になるため」だけでなく様々あるのかも知れませんが、勉強することができるときは一生懸命勉強しておくとよい、ということでしょう。「なぜ勉強しなくてはいけないの。」という疑問は、多くの子どもたちが一度は抱くものです。電話を掛けてきた彼が語った悩みは、その疑問に答えるヒントを与えてくれたように思います。

（3）美しい出会い　美しい別れ

晴れがましい入学式、感動的な卒業式、教師は毎年こうした儀式に立ち合うことができます。子どもの指導で苦労することがいかに多くても、涙をこらえることができないほどの感激を味わう場面に接することができるのは、教師の特権かも知れません。

さて、このように、学校生活は、出会いと別れの連続です。それが、子どもたちにとって忘れられない感動の場面となり、人生の意義ある節目になればと願っています。

その思いを込め、新年度がスタートする始業式の際に、「美しい出会い。美しい別れ。」という話をしました。

ある卒業生に「美しい出会い。美しい別れ。」という言葉を贈りました。卒業もそうですが、人生には「別れ」がつきものです。人生の中で「別れ」という場面を避けることができないのであれば、どうせ「別れ」に直面しなければならないのであれば、「別れたくない。」と思いながら別れたい。「別れるのが辛い。悲しい。」と思いながら別れたい。そう思っています。

逆に、「やっと別れることができてホッとした。」「これから会わずに済むので嬉しい。」などと思いながら別れるというのであれば、あまりにも悲しいと思います。「別れたくない。」と思いながら別れられるような「別れ」が「美しい別れ」です。

では、「美しい別れ」ができるためにはどうしたらよいのでしょうか。それは、別れの場面が訪れるまでの間は「美しい出会い」が続いていることであると思います。それが、やがて「美しい別れ」に結びつくのだと思います。「美しい別れ」ができるような「美しい出会い」をしていきたいと思います。「美しい出会い。美しい別れ。」という言葉には、そんな思いが込められています。

今日、皆さんは新しい学級の一員となりました。新しい仲間との新しい出会いが始まります。しかし、せっかく今日から始まる新しい「出会い」も、1年後には、学級が解散となる「別れ」の日がやってきてしまいます。特に、3年生は、学級の解散は、卒業という中学校の仲間との別れの日になります。

今日から始まる新しい学級ですが、1年後に迎える学級の解散の日が、「美しい別れ」の日になることを願っています。そのために、「美しい出会い」が今日からずっと続くことを祈っています。

人との出会いが、自然に「美しい出会い」になるとは限りません。「美しい出会い」になるためには、一人一人の努力が必要です。出会っていれば、時々争いごとが起きるかも知れません。そんなときでも、相手の気持ちを理解したり、相手の辛い気持ちを軽くしてやろうとしたり、自分のわがままな気持ちを抑えたり、相手の喜びを自分のことのように喜んだりすることのできる、広い心をもって相手と接する努力を重ねていくことが大事だと思います。

「進級」という節目をきっかけにして新しい出会いがスタートします。皆さん一人一人の努力によって、それが「美しい出会い」となり、最後に「美しい別れ」を迎えられますよう願っています。

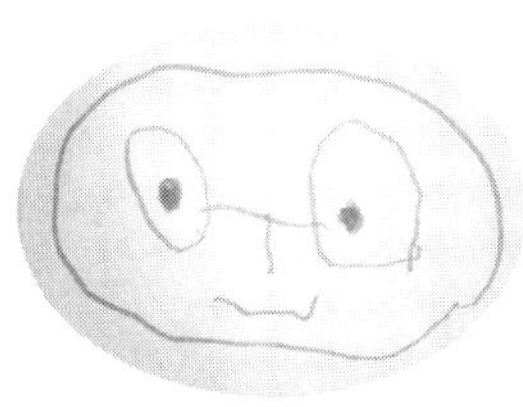

あとがき

小学生のころ、「まぼろし探偵」という漫画を読み、将来は探偵になる夢を抱きました。次に、「鉄腕アトム」という漫画に登場した「お茶の水博士」に憧れ、将来は学者になろうと思いました。そのころ、夏休みの自由研究がきっかけになって蜘蛛を採集し標本を作っていましたが、それは、学者になることを真剣に考えていたからかも知れません。

中学校ではバレーボール部に入部し、放課後は毎日暗くなるまで練習に明け暮れました。当時のバレーコートは校庭の一角にあり、運動着も顔や手足も泥まみれになってしまいました。選手として出場した大会で優勝したときの感激は今も忘れられません。その試合中、回転レシーブをしたときに耳を仲間の膝にぶつけてしまいました。鼓膜を破ってしまうほどの衝撃だったのですが、そのことに気づかずに夢中になってボールを追いかけ、大声を上げて仲間を鼓舞しました。

もう50年以上も前のことになるのですが、昨日のことのように感じられ、その場面がはっきりと思い出されてきます。小学校や中学校のときの同級生と当時の話に花を咲かせているときは、涙が込み上げてくるほど懐かしく思えてきます。そうした思い出に浸っていると、不思議なことに、明日からも頑張ろうという気力が湧いてきます。

これまでの人生を思い起こしてみますと、辛いときや困ったとき、また自信を失いかけたときが何度もありました。そんなとき、その厳しい場面を乗り切っていく勇気を奮い立たせてくれたのは、自分が輝いていたときの思い出でした。生きる勇気の源となった思い出を作ってくれた友人や恩師に心から感謝したいと思っています。

私は、良い思い出をたくさん積み重ねながら人生を送っていけたら最高だと思っています。「人生は、思い出づくりの旅」と考えています。

一方、私が教師を目指した動機の一つは、自分が子ども時代に得られた素晴らしい体験を、今度は自分が子どもたちに体験させてやりたいと思ったことです。そして、その体験が、将来に渡って人生を支えるような思い出になるようにしてあげたいと思ったからです。

どんな体験をさせたら、そうした思い出にすることができるでしょうか。その一つは、何かに頑張ったり努力したりした体験です。そして、もう一つは、誰かと心を通わせるような出会いをした体験です。

ですから、教師の務めは、子どもたちに、そうした良い思い出となるような活動をたくさんさせることではないかと思っています。学校は、子どもたちが大人になったころに「人生は、思い出づくりの旅」と実感できるような充実した楽しい体験をさせるところでなくてはならないと考えています。

子どもたちに「人生は、思い出づくりの旅」と思えるような活動をたくさんさせたいと考えながら、充実した教育実践を重ねてきました。同僚教師の皆さんとは、辛い場面や厳しい場面でも互いに支え合い、喜びに溢れた場面では感動を共にしてきました。そのことが、本書のここかしこに記されていたはずです。

私の拙い教育実践を評価してくれたり子どもを思う気持ちに共感してくれたりした同僚教師の皆さんが、それらを記録に残すことを勧めてくれました。そのおかげで、本書ができあがりました。私と出会ってくれた子どもたちや苦楽を共にしてきた教師の方々に心からお礼申し上げます。

原稿をまとめてみたものの、これを出版してよいものか迷っていましたところ、拙い文章ばかりの原稿を手直ししてくださった方や、必ず愛読書にしますと声を掛けてくださった方などからの励ましによって、そうした思いは消えました。本書の出版を後押ししてくださった方々に深く感謝申し上げます。

最後に、私が家庭のことを顧みず夢中になって教育に携われたのは、妻の邦子のおかげです。二人の息子も、休日にも出勤し遊び相手をしてくれなかった父親を恨めしく思っていたかも知れません。家族にお詫びしつつ心から感謝します。

令和3年初春

佐藤　昇

［著者紹介］

佐藤　昇　　さとう　のぼる

昭和23年（1948年）、東京都に生まれる。

昭和47年3月、東京大学理学部卒業。

昭和47年4月から、東京都公立中学校教諭として、

町田市立南中学校、世田谷区立若林中学校、狛江市立狛江第一中学校に勤務。

昭和63年4月から、東京都教育委員会指導主事及び管理主事として、

調布市教育委員会、多摩教育センター、東京都教育庁に勤務。

平成14年4月から、東京都公立中学校長として、

豊島区立千川中学校、町田市立鶴川第二中学校に勤務。

平成24年4月から平成31年3月まで、町田市教育委員会委員（委員長）。

現在は、妻と二人で町田市高ヶ坂に在住。

子どもに寄り添う教師

二〇二一年二月十八日　初版第一刷発行

著　者　佐藤昇

発行者　谷村勇輔

発行所　ブイツーソリューション

〒四六六・〇八四八

名古屋市昭和区長戸町四・四〇

電　話　〇五二・七九九・七三九一

ＦＡＸ　〇五二・七九九・七九八四

発売元　星雲社（共同出版社・流通責任出版社）

〒一一二・〇〇〇五

東京都文京区水道一・三・三〇

電　話　〇三・三八六八・三二七五

ＦＡＸ　〇三・三八六八・六五八八

印刷所　モリモト印刷

ISBN978-4-434-28299-7